T0065551

DESPERTANDO AL ESPÍRITU

DESPERTANDO AL ESPÍRITU

EDUARDO VILLEGAS

Número de Control de la Biblioteca del Congreso de EE. UU.:   2016909478
ISBN: Tapa Dura   978-1-5065-1510-6
                Tapa Blanda   978-1-5065-1509-0
                Libro Electrónico   978-1-5065-1508-3

Información de la imprenta disponible en la última página.

Fecha de revisión: 29/06/2016

Para realizar pedidos de este libro, contacte con:
Palibrio
1663 Liberty Drive
Suite 200
Bloomington, IN 47403
Gratis desde EE. UU. al 877.407.5847
Gratis desde México al 01.800.288.2243
Gratis desde España al 900.866.949
Desde otro país al +1.812.671.9757
Fax: 01.812.355.1576
ventas@palibrio.com
743010

Dedicado a Aquel que se despojó de todo...

Para dármelo todo.

Gracias infinitas Jesús

¡Qué esclavitud fue el vivir sin Ti...!

¡Aunque estaba huérfano, yo no lo sabía!

Pero ahora en Ti soy una nueva criatura, "las cosas

viejas pasaron; he aquí todas son hechas nuevas."[1]

---

[1]   2 Corintios 5:17b

Si diez personas me dan diez muy distintas opiniones acerca de un aspecto de tu persona, lo más probable es que al menos nueve no te conozcan. Para saber quién está en lo correcto, ¿tengo que conocerlos a todos? No, tengo que conocerte a ti.

Lo mismo aplica al Creador. ¿Por qué existen tantas religiones? Porque no le conocen. ¿Cómo puedes saber cuál de ellas es cierta? Solo conociéndolo a Él...

El fracaso de las religiones

¿Alguna vez te has preguntado por qué existen tantas religiones si la mayoría de ellas dice que existe un solo Dios? ¿Cómo puede haberse revelado el mismo Dios de tantas formas diferentes? Muchos afirman que todas las religiones nos llevan al mismo Ser pero esa afirmación es tan falsa como el viejo adagio: "todos los caminos conducen a Roma..."

En su forma más simple, la mayoría de las religiones plantean un conflicto interno entre el bien y el mal en el cual, si queremos alcanzar la aprobación de Dios, debemos hacer que el número de buenas acciones producidas durante nuestra vida supere, en la mayor medida posible, a las malas. Es bastante simple: Las personas "más buenas que malas" van al cielo mientras que "las más malas que buenas," no. Lamentablemente nadie conoce el balance con exactitud. Como el pecado desagrada a Dios,

> El problema surge porque se supone que el pecado produzca placer...

tenemos que batallar contra él. El problema surge porque se supone que el pecado produzca placer, lo cual causa un gran dilema: "disfrutar" del pecado y ser castigados eternamente, o resistirlo con nuestras fuerzas para poder ir al cielo (erradicando de nuestras vidas cualquiera satisfacción que dicho pecado presuponga). Parece que ese dios nos ha tendido una trampa porque si seguimos lo que nos place y provoca, seremos castigados al estilo "disfrute ahora y pague después" y, si no queremos ser condenados eternamente, entonces nuestra vida ha de ser un tanto miserable acá, viviendo sin gozo ni éxito alguno para poder ser salvos, porque mucho bienestar y prosperidad serían... bueno, un tanto sospechosas. Es por esto que algunas religiones plantean el sufrimiento como solución. Si el pecado, que es malo, causa placer, entonces el sufrimiento, siendo lo opuesto al placer, ha de ser bueno, y por ende ha de producir santidad. De hecho, para muchos el vivir en santidad es sinónimo de ser sufrido y vivir una vida totalmente carente de placeres. La vida santa es asociada con lo monástico, con la soledad y la abstinencia, apartarse de la sociedad, separarse del mundo, irse a recluir en una ermita. No es difícil entender por qué esta santidad no goza de buena fama especialmente entre los jóvenes. Representa una vida demasiado simple y muuuy aburrida...

Meditemos por un momento en lo que todo lo anterior puede significar:

- La humanidad debe descubrir a Dios en vez de que éste se revele a ella. Es un misterio que debemos develar, sin instrucciones sino por intuición, por ensayo y error.
- Dios está primera y continuamente atento a nuestra moral y conducta externa. No quiere que disfrutemos del placer ni que satisfagamos ninguno de nuestros deseos (a pesar de que fue Él quien los puso en nosotros).
- Como el pecado se supone placentero, el placer ha de ser peligroso.
- El dolor del sacrificio voluntario compensa el placer disfrutado en el pecado ("el que peca y

reza empata"), de modo que una vida virtuosa y santa es (por definición) dolorosa (el sufrimiento santifica porque compensa los pecados).

- Solo a través de sacrificios en esta vida tendremos recompensa en la venidera porque las buenas obras deben superar (en una medida desafortunadamente desconocida) a las malas.

Vuelve a leer y piensa: Si estas conclusiones son ciertas, ¿cómo es la personalidad de ese dios? Veamos:

- Es misterioso: No nos dice que hacer sino que espera que lo deduzcamos por ensayo y error.
- Le gusta vernos sufrir, como el padre que lleva al hijo al parque y allí le dice que se quede viéndolo desde la ventana del auto.
- Es distante y se encuentra separado de su creación. No se relaciona ni se mezcla con ella, solo la juzga y castiga.
- Está al acecho, escondido, esperando pacientemente que erremos para darnos nuestro merecido.

¿Alguna vez en tu escuela de religión, iglesia o familia alguien te ha dicho que Dios es así? Quizás no te lo hayan predicado con estas palabras tan directas pero con frecuencia el mensaje que enseñan (y que tú quizás has creído), es que la ira y el juicio de ese dios distante y acosador solo se le aplaca con una moral perfecta y haciendo muchas buenas obras. Nuestras virtudes serían como el helio que va llenando el globo que nos llevará al cielo, mientras nuestros pecados y debilidades producen diferentes hoyitos por donde se nos escapa el aire. Ahora bien, el único origen de ese dios frío y hostil es la mente humana ya que las religiones son invenciones y tradiciones de hombres. No es difícil entonces entender por qué las instituciones que enseñan estas tradiciones se van vaciando, ni por qué la mayoría de la gente siente poca o ninguna atracción por vivir en santidad.

Pregunta: si Dios existe y es mucho más sabio, amoroso y poderoso que nosotros, ¿no sería más sensato esperar que Él se revelara a nosotros en vez de dejarnos a ciegas para que lo deduzcamos o inventemos? ¿No se supone que el más adelantado instruye al rezagado? ¡Imposible que sea al revés! ¿Por qué habría Dios de hacernos caminar por la vida a tientas, a oscuras? Y si Dios es Padre, ¿por qué se esconde de sus hijos para que vivan como huérfanos en vez de enseñarles lo que les conviene y lo que no?

PARA REFLEXIONAR:

- ¿Cómo concibes a Dios?
- ¿Qué le interesa más a Dios, tu vida o tu conducta y moral?
- Si tienes hijos, ¿en qué se asemeja tu relación con ellos (como padre o madre) y la concepción que tienes de Dios?

Alma o espíritu

Hay un elemento importante que la mayoría de las religiones parece desconocer o ignorar. Para muchas de ellas, si no todas, los seres humanos somos bipartitas (tenemos dos partes): una es el cuerpo natural que después de morir se desintegrará y se hará polvo, y la otra el alma o espíritu invisible que permanecerá aún después de fallecer el cuerpo. Bajo esta división, nuestra parte espiritual reside en el mismo lugar que lo hacen nuestras emociones, voluntad y pensamientos: la psique. Sin embargo, la Biblia enseña algo diferente: el alma y el espíritu según ella son dos partes distintas. No somos bipartitas (cuerpo y alma) sino tripartitas: espíritu, alma y cuerpo.[2]

> *¿Por qué Dios, siendo un Padre amoroso, habría de dejar a Sus hijos crecer como huérfanos, sin conocerlo?*

El cuerpo es nuestra carne formada por huesos, tejidos y sangre.

El <u>alma</u> es el lugar donde habitan nuestros pensamientos, emociones y deseos (o voluntad).

---

[2] 1 Tesalonicenses 5:23

El espíritu es el lugar donde moran nuestra conciencia e intuición, y donde tenemos comunión con el Espíritu de Dios.

Por siglos hemos ignorado esta aparentemente pequeña diferencia debido a que nuestro espíritu se encuentra apagado o desconectado de Dios, por causa de la desobediencia. ¿Qué significa esto?

En el relato del Edén vemos que Adán y Dios conversaban cara a cara[3] en el jardín, un lugar físico donde la primera pareja humana vivía en perfecta armonía y sin que nada les faltase. El mundo espiritual coexistía con el natural, de modo que Dios se manifestaba visiblemente a ambos. Los ojos de la humanidad estaban abiertos. La fe no era necesaria. Dios les proveía de todo lo necesario para vivir en paz y armonía, y solo les había advertido que había un fruto del cual no deberían comer porque si lo hacían "ciertamente morirían."[4] Sin embargo sabemos que después de comerlo, Adán y Eva vivieron muchísimos años más y tuvieron muchos otros hijos.[5] Entonces ¿acaso Dios les mintió para asustarlos? No, Dios no puede mentir. Lo que pasa es que tal y como Él lo advirtió, lo que murió fue el espíritu de cada uno. Por eso la reacción de ambos al desobedecer fue cubrirse inmediatamente y esconderse de Dios, porque la comunión se había roto. Posteriormente serían expulsados del jardín. Aunque sus cuerpos y almas siguieron vivos, sus espíritus no, y eso los desconectó de ese acceso directo a Dios del que tanto disfrutaban previamente. En ese momento fueron separados de esa

---

[3]   Génesis 3:9
[4]   Génesis 2:17
[5]   Génesis 5:4 "Y fueron los días de Adán después que engendró a Set, ochocientos años, y engendró hijos e hijas."

vida dual (en dos planos o ámbitos), sus ojos espirituales se velaron y su conciencia fue limitada a lo natural. Por eso se dice que "cayeron de la gracia," porque su relación con el Todopoderoso, que era directa y maravillosa, se deshizo. Cuando perdemos la conexión espiritual con Dios, perdemos la libertad y nos desequilibramos. Pablo dice que "...donde está el Espíritu del Señor, allí hay libertad."[6] A partir de entonces el hombre, que continuaba y continúa intuyendo a Dios, comenzó a tratar de deducirlo a través del alma, ya no del espíritu, buscando a Dios con los ojos velados. Imagina que repentinamente se cayeran todas las líneas telefónicas del planeta y tuvieras que empezar a usar el telégrafo para hablar con tus seres queridos con quienes sostenías largas charlas telefónicas a diario. ¿Se afectaría tu comunicación con ellos? ¡Por supuesto! Bueno, algo similar ocurrió en la tierra cuando, por desobediencia, el mal entró. La línea directa de conexión con nuestro Creador se desconectó, se apagó, ¡off!

> Al entrar el mal en la Tierra, la línea directa de conexión con nuestro Creador se apagó...

Ahora bien, analicemos por un instante lo que sucedió en el Jardín de Edén más allá de las imágenes de las películas donde se presentan a Adán y Eva como una simple parejita de niños grandes que inocentemente desobedecieron a Dios. Para empezar, ellos conocían solamente el bien, es decir la seguridad, la paz, la verdad y la abundancia. No sufrían forma alguna de ansiedad ni inestabilidad. No estaban preocupados por qué comerían, cómo se vestirían ni temían a los

---

[6] 2 Corintios 2:17

animales del jardín porque todos eran vegetarianos.[7]
No conocían la malicia, la codicia, la envidia ni los
celos. Podemos compararlos a una estable y próspera
familia donde los hijos se sienten amados y protegidos,
reciben buena educación, tienen acceso a servicios de
salud y hay armonía en el hogar. Los chicos crecieron
sin conocer la escasez ni el miedo. Papá y mamá son
escudos que proveen y protegen, de modo que los hijos
ni siquiera se dan cuenta de lo bien que viven... hasta
que lo pierden. De repente un mal día, los padres se
divorcian repentinamente, o pierden la vida, o alguien de
mucha confianza, como un vecino o tío cercano, molesta
sexualmente a alguno, o simplemente ladrones entran a la
casa, y se lo llevan todo. Solo imagínalo por un instante.
En una fracción de segundo entran juntos el miedo, la
desesperación, la impotencia y rabia, una gran frustración
o tremendos deseos de venganza. La seguridad de la
que disfrutaban y de la cual ni siquiera se percataban,
se desploma en un momento, y al igual que Adán y Eva,
se sienten desnudos.[8] La confianza se desvanece, y en
un instante todo su ambiente cambia. Sufren un shock
mental y emocional. Toda forma de estabilidad y paz se
deshacen. La seguridad del santuario del hogar ha sido
atacada y violentada. El ambiente familiar es severamente
lesionado y tomará tiempo recuperarlo, si es que alguna
vez se logra. Personalmente pienso que algo similar pero
de escala planetaria sucedió cuando el mal hizo su entrada
en nuestra atmósfera. Ese día oscuro cuando le dimos

---

[7]   La primera vez que un animal debió ser sacrificado fue
    justamente cuando Adán y Eva desobedecieron y Dios les dio
    piel de animales para cubrirse. El pecado genera muerte y para
    limpiarlo, necesita sacrificio de sangre. Favor ver Génesis 3:21

[8]   Génesis 3:7

al enemigo el derecho legal de entrar a nuestra Tierra, a nuestras vidas y a nuestras familias y generaciones.

Pero regresemos a la separación entre el alma y el espíritu. Quizás observando a algunas mascotas, como por ejemplo los perros, podamos entender mejor lo que es la primera. Los caninos se alegran y emocionan, y lo manifiestan moviendo sus colas. Pueden enojarse, atacar y hasta arriesgar sus vidas peleando con un animal o persona para defender a otro. Algunos tienen una extraordinaria voluntad para jalar trineos o rescatar víctimas. Les gusta la amistad y los niños, y si quien los cuida muere, se pueden deprimir hasta morir ellos también. Descubren lo que molesta y agrada a sus cuidadores.

> *Si tu mascota casera quisiera invocar a un dios tendría que, al igual que nosotros, inventarse una religión...*

Pueden participar en juegos e incluso inventar algunos propios, y ¡que mayor devoción que la de un perro guía para ciegos! Toda su vida dedicada fielmente a servir a una persona. Tenemos un parejita de Jackie Bichon (Roy el macho y Athena la hembrita) de menos de un año, y creo que lo único que les falta hacer es hablar. Cada mañana, al ver a mi esposa, Athena va al cuartito donde duermen y regresa con su muñeca en el hocico, lista para su juego preferido: que Marve la persiga y trate de quitársela. Después de varios intentos fallidos de parte de mi esposa, la perrita se acerca condescendiente y coloca la muñequita a sus pies para que ahora la arroje, y ella y Roy compitan a ver quién la trae de regreso primero. Juegan con pasión de niños y es obvio que entienden lo que juegan. Ciertamente los perros tienen alma (inteligencia, emociones y deseos), pero estos maravillosos animales no pueden orar ni adorar a Dios, porque no tienen espíritu. Si tu mascota casera quisiera invocar a un dios tendría que, al igual que todos aquellos sin Cristo, inventarse una religión...

Piensa en esto por un instante: la transmisión de información muy simple como, por ejemplo, el gesto del policía que te ordena detener tu auto, se lleva a cabo en un nivel puramente natural, no emocional. Ese simple acto no te hará amigo del oficial. Algo similar ocurre en encuentros sexuales entre extraños, es algo puramente carnal. Pero una verdadera amistad entre dos personas requerirá de la conexión de sus almas. Sería muy difícil establecer una relación duradera entre dos personas sin compartir sentimientos, ¿cierto? De un modo similar, los seres humanos podemos mantener una comunicación muy elemental (religión) con Dios a través del alma (tratando de cumplir normas, tradiciones y un comportamiento que nos haga sentido), pero una relación verdadera, cercana y profunda con Él, solo será posible a través de Su Espíritu Santo conectado al receptor que Él puso en nosotros: nuestro espíritu. Así como no podemos conectar dos almas a través de algo puramente físico (como la interacción con el policía o en el sexo pagado), no podemos conectar nuestro espíritu con el Espíritu de Dios mediante el alma porque solo tendremos religión.

El alma (en griego psique) comprende todo aquello que la psicología estudia: los pensamientos, sentimientos y la voluntad. Esto incluye las emociones, los temores, lo que nos inspira y alegra junto a lo que nos desanima o entristece; el amor y el romance, las ilusiones, los sueños y deseos, etc. Ella es el catalizador que conecta el cuerpo físico con el espíritu. En el mismo relato de Edén leemos también: "Formó, pues, Jehová Dios al hombre del <u>polvo</u>

de la tierra, y alentó en su nariz <u>soplo de vida</u>; y fue el hombre <u>en alma viviente</u>"[9] (subrayado mío). Dios había formado del polvo al cuerpo del hombre pero solo al soplar en la nariz de Adán, le dio de Su Espíritu de vida, Su "chispa," creando así un espíritu individual. Sin embargo, el espíritu y el cuerpo no pueden convivir sino a través de una especie de "regulador de voltaje" que es el alma. Es en ella donde escogemos enfocarnos en lo espiritual o en lo natural. Tenemos esa potestad. Por eso Pablo nos instruye: "...<u>buscad las cosas de arriba</u>, donde está Cristo sentado a la diestra de Dios."[10] (Subrayado mío). El apóstol solo puede aconsejarnos. Al final del día es nuestra decisión y privilegio. Dios no creó robots ni autómatas, Él nos dio libre albedrío.

---

[9] Génesis 2:7 versión Reina Valera Antigua. Es interesante que no dice que el hombre se hizo <u>un</u> alma viviente sino <u>en</u> alma viviente. Es en el alma donde vivimos nuestro día a día y donde percibimos la realidad material.

[10] Colosenses 3:1 (Subrayado mío)

Nuestra alma es como un telescopio que amplifica aquello en que la enfocamos. En ella ejercemos el libre albedrío que nos dio Dios, pudiendo escoger entre apuntar hacia abajo, hacia lo terrenal y temporal; o a las alturas, hacia lo espiritual y eterno. Dios te invita a buscar arriba, con un corazón agradecido como el de David:

> *"Bendice, alma mía, a Jehová,*
> *Y bendiga todo mi ser su santo nombre.*
> *Bendice, alma mía, a Jehová,*
> *Y no olvides ninguno de sus beneficios."*[11]

---

[11]   Salmos 103:1-2

Fortalezas, argumentos y altivez

> "Pues aunque andamos en la carne, no militamos según la carne; porque las armas de nuestra milicia no son carnales, sino poderosas en Dios para la destrucción de <u>fortalezas, derribando argumentos y toda altivez</u> que se levanta contra el conocimiento de Dios..."[12] (Subrayado mío).

En esta interesante cita Pablo nos habla de las armas espirituales (no carnales, naturales ni del alma) que Dios nos da, con el fin de destruir tres obstáculos de nuestro entendimiento espiritual: las fortalezas, los argumentos y la altivez. Pero, ¿por qué debemos destruirlas? La respuesta está al final del versículo: porque ellas "se levantan contra el conocimiento de Dios." En otras palabras, estas entidades impiden que conozcamos más de Dios, haciendo que continuemos viviendo apartados de Él. Pero entonces, ¿qué son estas fortalezas, argumentos y altiveces? Son paradigmas arraigados, tradiciones y

> *Las fortalezas, argumentos y altiveces son paradigmas que se levantan contra el conocimiento de Dios*

12   2 Corintios 10:3-5 (subrayado mío)

costumbres que pasan de una generación a otra.[13] Ideas distorsionadas pero profundamente atrincheradas en nuestra mente que causan que, cuando nuestro pensamiento no puede concebir algo que leemos en las Escrituras, automáticamente procuramos reconciliarlo con algo más sensato, con una explicación que le haga sentido a nuestra alma. Es como tratar de explicar la vida en los océanos basándonos únicamente en lo que imaginamos desde la playa. En otras palabras, en vez de meditar profundamente en esa Palabra hasta entenderla mejor,[14] sumergiéndonos en lo que ella enseña debido a que creemos que proviene de Dios, hacemos lo contrario: humanizamos esa verdad hasta que se ajuste a la medida de nuestra mente. En vez de expandir nuestro entendimiento mediante la meditación en la Palabra y la oración, con el fin de poder asimilarla y aplicarla, tomamos la solución contraria, más fácil y creíble: simplificamos la verdad dentro de una práctica "razonable." Como esta estrategia no nos permite entender mucho de la Biblia porque las verdades de Dios se "han de discernir espiritualmente,"[15] procedemos mejor a racionalizar a Dios y le buscamos una explicación natural y "digerible." Es como dejarle solo una cuerda a la

---

[13]   1 Pedro 1:18-19 "...sabiendo que fuisteis rescatados de vuestra vana manera de vivir, la cual recibisteis de vuestros padres, no con cosas corruptibles, como oro o plata, sino con la sangre preciosa de Cristo, como de un cordero sin mancha y sin contaminación,..." (Subrayado mío).

[14]   Romanos 12:2 "No os conforméis a este siglo, sino transformaos por medio de la renovación de vuestro entendimiento, para que comprobéis cuál sea la buena voluntad de Dios, agradable y perfecta."

[15]   1 Corintios 2:14 "Pero el hombre natural no percibe las cosas que son del Espíritu de Dios, porque para él son locura, y no las puede entender, porque se han de discernir espiritualmente."

guitarra para hacerla más fácil de interpretar. Sin duda será más sencillo tocarla así, pero nos perderemos sus arpegios y acordes. Es más fácil inventar una religión que se ajuste a nuestros puntos de vista que ser transformados a través de una relación con el Dios viviente. Por ejemplo, a cada milagro de Jesús, a los demonios que expulsó y al hecho de que los profetas

> *Es como dejarle solo una cuerda a la guitarra para hacerla más fácil de interpretar.*

anunciaron detalladamente sucesos desde siglos antes de que sucedieran, tratamos de buscarle explicaciones sensatas y, cuando no las encontramos, simplemente afirmamos que faltan partes en la Biblia, que la traducción es incorrecta, que son temas sujetos a la interpretación individual o cualquier otra opinión, sin base alguna, que se nos ocurra. Pero, ¿sabías que la Biblia incluye conocimientos bíblicos que la ciencia descubrió solamente milenios después? Por ejemplo, cuando leemos en el libro de Job que Dios "...Cuelga la tierra sobre la nada."[16] Hasta los tiempos de Cristóbal Colón en el siglo XV se creía que la tierra era plana, entonces ¿cómo pudo Job saber, unos mil quinientos años antes de Cristo (tres mil antes de Colón), que nuestro planeta se sostiene en el espacio? Solamente por revelación divina, porque la Biblia es inspirada por Dios; pero si tu mente ya está buscando una justificación para este simple verso, es probable que tengas una fortaleza operando en tu alma.

Yo no necesito fe para creer que mi familia existe y me ama. Yo la veo y recibo sus manifestaciones de amor a

---

[16]   Job 26:7b

diario. Del mismo modo, Adán y Eva no necesitaban tener fe en que Dios existía porque le veían cara a cara. Incluso hoy en día, a pesar de que el espíritu en el ser humano permanece apagado, nuestra intuición espiritual nos sigue alertando desesperadamente sobre la presencia de un ser superior. Recuerdo haber leído que, en todas las etnias y tribus dispersas alrededor de nuestro planeta, independientemente de sus culturas, lenguajes, costumbres y ubicación geográfica, existe la creencia en un ser superior. Y la Biblia lo explica porque es así como fuimos diseñados: "Daré mi ley en su mente, y la escribiré en su corazón; y yo seré a ellos por Dios, y ellos me serán por pueblo."[17] Desafortunadamente nuestra realidad natural, visible, tangible, lo niega (al menos a medias) debido a la oposición entre lo que creemos y lo que vemos. Pablo reconoce esta tensión cuando afirma que los hijos de Dios "...por fe andamos, no por vista,"[18] de modo que debemos creer en lo que dice la Biblia más que en lo que nuestros ojos ven: "no mirando nosotros las cosas que se ven, sino las que no se ven; pues las cosas que se ven son temporales, pero las que no se ven son eternas."[19] Lo invisible es más real que lo visible, pero al no poder percibir lo espiritual por tener el espíritu apagado, la fe se hace necesaria...

> ...debemos creer en lo que dice la Biblia más que en lo que nuestros ojos ven...

Por eso las fortalezas y altiveces nos limitan. Pablo explica también la causa de este conflicto: "Pero el hombre

---

[17]   Jeremías 31:33b
[18]   2 Corintios 5:7
[19]   2 Corintios 4:18

natural no percibe las cosas que son del Espíritu de Dios, porque para él son locura, y no las puede entender, porque se han de discernir espiritualmente."[20] Pero ¿cómo podemos discernir estas verdades espiritualmente si nuestros espíritus están apagados? ¿Cómo discernir notas musicales con los oídos tapados? Es como guiarnos en el bosque solo con la tenue luz de una luna menguante. Del mismo modo, necesitamos encender la luz de nuestro espíritu para que se conecte al Suyo, y no vivir bajo la tenue lámpara de nuestra alma. No debemos humanizar a Dios, nosotros estamos hechos a Su imagen y semejanza,[21] y no Él a la nuestra.

---

[20]   1 Corintios 2:14
[21]   Génesis 1:26

Cuando tenemos una religión, humanizamos a un dios imaginario e irreal, y nuestra mente se estanca. No cambia. **Cuando nos relacionamos** con Dios, nuestra mente se renueva y empieza a comprender más...

> *"No os conforméis a este siglo, sino <u>transformaos por medio de la renovación de vuestro entendimiento,</u> para que comprobéis cuál sea la buena voluntad de Dios, agradable y perfecta."* (Subrayado mío)[22]

---

[22] Pablo en su Carta a los Romanos 12:2

El centro del conflicto: los paradigmas

En Jesús, Dios se hizo hombre de modo que era cien por ciento humano, a la vez que cien por ciento Dios. Sin embargo a algunos les es difícil aceptar la completa humanidad de Jesús, y por eso lo imaginan como lo vemos en muchos murales de iglesias y museos antiguos: un bebé impecablemente limpio y ordenado, que no llora ni tiene necesidad de pañales, con una expresión de serenidad y madurez desde esa tierna edad, hablándoles de paz a los adultos bajo su dorada aureola brillante. El perfecto "niño Jesús." Y de adulto, predicando bajo un aura de luz, con un cabello cuidadosamente cepillado y secado, cubierto de un manto que a pesar del polvo del desierto, jamás se ensucia. Pero los evangelios describen claramente que Jesús tuvo hambre,[23] que se sintió cansado,[24] que el diablo lo quiso tentar muchas veces,[25] que se enojó con los mercaderes del templo hasta el punto de tomarse el tiempo para hacer un azote de cuerdas y expulsarlos a la fuerza.[26] La Biblia tampoco

---

[23] Lucas 4:2 "por cuarenta días, y era tentado por el diablo. Y no comió nada en aquellos días, pasados los cuales, tuvo hambre...."

[24] Juan 4:6 "Y estaba allí el pozo de Jacob. Entonces Jesús, cansado del camino, se sentó así junto al pozo. Era como la hora sexta."

[25] Lucas 4:13 "Y cuando el diablo hubo acabado toda tentación, se apartó de él por un tiempo."

[26] Juan 2:15 "Y haciendo un azote de cuerdas, echó fuera del templo a todos, y las ovejas y los bueyes; y esparció las monedas de los cambistas, y volcó las mesas;..."

omite que Jesús se estremeció y lloró antes de resucitar a Lázaro, [27] ni que buscó un poco de soledad para tener su propio duelo después de que Juan el bautista fue decapitado por Herodes.[28] Jesús sudaba bajo el fiero sol del Medio Oriente. Sus pies se maltrataban y ensuciaban durante sus largas caminatas en los pedregosos desiertos de Israel y sus alrededores. Aún más, la Biblia narra cómo su sudor se convirtió en borbotones de sangre que salían por sus poros debido al extraordinario nivel de estrés y angustia que sufrió poco antes de ser detenido violentamente para ser juzgado e ir a la Cruz.[29] En ese duro momento, también se detalla cómo se entristeció profundamente y más de una vez cuando vio a los discípulos profundamente dormidos a pesar de haberles pedido varias veces que velaran con Él tan solo una hora.[30] Jesús era completamente humano...

Sin embargo para otros, un poco más carnales, sucede el fenómeno contrario. Para ellos Jesús era un hombre común o a lo sumo un profeta, por lo cual ellos no pueden concebir la santidad del Maestro. Estos concluyen por ejemplo que, como María Magdalena había sido una mujer licenciosa antes de seguir a Jesús, seguramente ambos mantenían relaciones íntimas. Recuerdo a alguien que osó decirme que él "no tenía ningún problema con eso, que su fe no era afectada por el hecho de que Jesús haya tenido varias mujeres ya que eso es completamente normal." Parece que a algunos no les basta con inventar su propia

---

[27]   Juan 11:35 "Jesús lloró."

[28]   Marcos 6:14-32, Lucas 9:9

[29]   Lucas 22:44 "Y estando en agonía, oraba más intensamente; y era su sudor como grandes gotas de sangre que caían hasta la tierra."

[30]   Mateo 26:36-40

religión adaptando la Palabra a lo que les parece sensato sino que además les agregan sus propias fantasías. El mensaje central del evangelio es la redención y eso incluye la completa restauración de cada persona que se entrega a Cristo. Pablo, quién había sido un perseguidor y asesino, se convirtió en el más fiel y productivo apóstol del Señor. El endemoniado de la región de Gadara, una vez liberado por Jesús, se convierte en predicador del Evangelio[31] a tiempo completo, al igual que la samaritana.[32] María Magdalena fue hecha, como lo dice Pablo, una nueva criatura.[33] El amor de Jesús la hizo sentirse amada sin tener que entregar nada a cambio. Por primera vez se supo incondicionalmente valorada. Con Jesús no tenía que mendigar amor ni tenía que sacrificarse, entregar su cuerpo ni ser humillada. Ella recibió el inmenso amor del Padre celestial. ¡Ese es el poder restaurador de Jesús!

Por otro lado tampoco falta quien afirme que Jesús fue un extraterrestre, que fue un místico Nueva Era que estudió con magos, gurúes y maestros, o que no fue el Hijo de Dios sino un gran profeta. Mi pregunta es: ¿cómo puede alguien ser un gran profeta y mentir? Jesús no dijo que era un profeta sino que era el Mesías, de modo que tenemos solo dos opciones: creerle completamente o no. Si le creemos, sabemos que Él es Dios Todopoderoso,

> *Jesús no pudo ser un gran profeta. Él dijo que era el Mesías, y los profetas no mienten. O es quien dijo ser o es el más grande mentiroso de la historia*

---

[31]   Lucas 8:26-39
[32]   Juan 4:28-30, 40-42
[33]   2 Corintios 5:17

digno de alabanza y de que estudiemos ávidamente Su Palabra. Si no le creemos, entonces este Jesús fue el peor farsante de la historia; un completo lunático que se las arregló para que multitudes lo siguieran tan determinadamente que la humanidad dividió a la historia en dos etapas: antes y después de su nacimiento. No existen medias tintas. No podemos transarnos en soluciones intermedias e irracionales que simplemente satisfagan nuestra inconsistencia, por una razón muy simple: ¡Los profetas no mienten!

Otros por su parte, guiados también por el alma, afirman por ejemplo que "si Dios existiera no permitiría tantas guerras ni desastres naturales porque Él sería un Dios de amor." Conclusión: "como sí hay guerras y desastres naturales, entonces Dios no existe." Pero la Biblia también advierte que habrá ateístas y por eso el Rey David afirma:

> "Dice el <u>necio</u> en su corazón: <u>No hay Dios...</u>
> Jehová miró desde los cielos sobre los hijos de
> los hombres,
> Para ver si había algún <u>entendido,</u>
> <u>Que buscara a Dios.</u>"[34] (Subrayado mío).

De modo que Dios llama necio al no creyente y entendido al que le busca.

Recientemente alguien me preguntaba, no sin cierto enojo: "¿Por qué creó Dios al hombre como es, si sabía que el mundo sería un lugar lleno de injusticias, plagas, odio, terremotos, etc.?" Y yo me pregunto: ¿Quisiera yo que mis hijos fuesen exactamente como soy yo a la fuerza?

---

[34]   Salmos 14:1a,2, subrayado mío

¿Quisiera que se comporten siempre de una manera perfecta, con una moral y modales intachables, que nunca yerren, se enojen ni desalienten, viviendo como si fuesen robots? Ciertamente no. Lo que más amo de mi familia es su humanidad. ¿Por qué Dios no hizo maquinas? Porque Él ama la libertad, y aunque a lo largo de toda la Biblia nos instruye a escoger el bien, siempre nos da la opción de decidir por nosotros mismos:

"A los cielos y a la tierra llamo por testigos hoy contra vosotros, que os he puesto delante la vida y la muerte, la bendición y la maldición; escoge, pues, la vida, para que vivas tú y tu descendencia;"[35] (Subrayado mío).

Él anhela que tú escojas la vida "para que vivas tú y tu descendencia" pero nunca te obligará a aceptarla. La decisión siempre será tuya porque respeta tu libre albedrío. Dios creo seres humanos, no maquinas...

Para Pablo, este problema es aún más sencillo. No solo se trata de la dualidad del alma y del espíritu que hemos estado explicando acá sino que además Dios se revela desde Su creación. La obra visible (todo el universo y la naturaleza) nos da una idea de cómo es el alma de su Autor, del mismo modo que una pintura nos da una idea de la mente de su autor, y una canción nos habla del alma de su compositor. Para él, el simple hecho de observar lo visible debería hacernos creer en Dios porque con tan extraordinaria creación, es absurdo pensar que no exista un Creador:[36]

---

[35]   Deuteronomio 30:19
[36]   Contrario a la percepción general, muchos científicos creen
       en un creador simplemente basados en lo que su observación

"Porque las cosas invisibles de él, su eterno
poder y deidad, se hacen claramente visibles
desde la creación del mundo, siendo entendidas
por medio de las cosas hechas, de modo que
no tienen excusa. Pues habiendo conocido
a Dios, no le glorificaron como a Dios, ni le
dieron gracias, sino que se envanecieron en
sus razonamientos, y su necio corazón fue
entenebrecido."[37] (Subrayado mío)

La traducción de la palabra Necio según el diccionario de la
real academia de la lengua española es: "Ignorante y que no
sabe lo que podía o debía saber," y también: "Imprudente
o falto de razón,"[38] mientras que el mismo diccionario
traduce Entenebrecer como: "Oscurecer, llenar de
tinieblas."[39] En otras palabras, lo que Pablo está explicando
es que cuando no reconocemos a Dios, cuando a pesar de
intuirlo no lo glorificamos ni le damos gracias, o cuando a
pesar de observar la maravillosa complejidad de la creación
asumimos que ésta se creó a sí misma porque no podemos
comprender que haya sido creada, simplemente se debe a
que nuestro corazón es ignorante, imprudente y falto de
razón. Se ha oscurecido y está lleno de tinieblas.

PARA REFLEXIONAR:

---

científica les muestra. Quizás el más famoso sea Isaac Newton
a quien se le atribuyen frases como ""A falta de otra prueba,
el dedo pulgar por sí solo me convencería de la existencia de
Dios."

[37] Romanos 1:20-21 (Subrayado mío)
[38] http://lema.rae.es/drae/?val=necio
[39] http://lema.rae.es/drae/?val=entenebrecido

- ¿Piensas que Dios debió haber creado gente perfecta, que nunca se equivoca y siempre hace lo correcto construyendo así un mundo sin guerras, pobreza ni sufrimiento?

Simplemente observando la **obra** podemos inferir acerca del corazón y de la mente del **Autor.**

*"No juzguéis según las apariencias,
sino juzgad con justo juicio."* [40]

---

[40]   Jesús en Juan 7:24

El entendimiento enceguecido de los incrédulos

> "Pero si nuestro evangelio está aún encubierto, entre los que se pierden está encubierto; en los cuales <u>el dios de este siglo cegó el entendimiento de los incrédulos</u>, para que no les resplandezca la luz del evangelio de la gloria de Cristo, el cual es la imagen de Dios."[41] (Subrayado mío).

A pesar de toda la emoción y el lujo de detalles con que los demás apóstoles le contaron a Tomás, apodado el gemelo, como habían visto al Maestro después de que éste había partido al cielo, éste insistió: "Si no viere en sus manos la señal de los clavos, y metiere mi dedo en el lugar de los clavos, y metiere mi mano en su costado, no creeré."[42] Tomás sonó muy intelectual y racional, alguien que no es tonto ni fácil de engañar sino que es objetivo, astuto, analítico y crítico. Muchos ateístas hoy en día se sienten de la misma manera. Se jactan de su incredulidad porque son "muy difíciles de convencer" y dicen basarse en hechos científicos, calificando de supersticiosos e ignorantes a todo aquel que simplemente considere que, entidades tan complejas como una célula, un ojo, el cerebro humano o el universo, no pudieron nacer de la nada sino que alguien muy inteligente debió haberlos diseñado. Pero a pesar de que la postura de Tomás nos

---

[41] 2 Corintios 4:3-4 (Subrayado mío)
[42] Juan 20:25b

agrade por parecernos sensata o racional, él estaba, a la luz de la Biblia, cometiendo un gran error. Por eso, ocho días después, cuando Jesús se les presentó nuevamente a Sus discípulos, llamó a Tomás y le invitó a ver las señales de los clavos y a meter su mano en su costado. Una vez que el muy impactado Tomás creyó y lo adoró, Jesús le dijo: "… Porque me has visto, Tomás, creíste; <u>bienaventurados los que no vieron, y creyeron.</u>"[43] (Subrayado mío). Quizás para nuestro intelecto, la incredulidad sea un síntoma de inteligencia y astucia pero la verdad es que Jesús la condena. Ahora bien, el Maestro no está proponiendo que nos volvamos crédulos y aceptemos cualquier idea sin evaluarla ni meditar en ella. Es imperativo discernir y usar el raciocinio que Dios nos da. Por eso Salomón nos invita a buscar el conocimiento, la sabiduría y la ciencia,[44] pero no podemos basarnos en las ciencias naturales para entender el mundo espiritual del mismo modo que no usamos la geografía para entender la mente humana ni vamos al psicólogo cuando nos duele una muela. El punto es que Tomás había caminado con Jesús, a diario. Él había presenciado con sus propios ojos las maravillas de Su gracia y gloria, pero ahora dudaba de la resurrección a

> *"…Porque me has visto, Tomás, creíste; bienaventurados los que no vieron, y creyeron."*
> Jesús en Juan 20:29

---

[43] Juan 20:29 (Subrayado mío)
[44] Proverbios 18:15 "El corazón del entendido adquiere sabiduría; Y el oído de los sabios busca la ciencia." Favor ver también Proverbios 2:9 "Cuando la sabiduría entrare en tu corazón, Y la ciencia fuere grata a tu alma,…" y Proverbios 2:9 "El alma sin ciencia no es buena, Y aquel que se apresura con los pies, peca" entre muchos otros.

pesar de que el Maestro se la había anunciado en varias oportunidades.[45] ¿Por qué la incertidumbre ahora? Parece que su entendimiento estaba cegado de modo que no podía creer a pesar de haber visto tanto.

Muchos de nosotros estamos tan convencidos de que algo no existe que podemos ignorar la más sólida de las evidencias para defender nuestro punto de vista, un poco como el pececito que nació en una pecera y asegura que ese océano del que muchos hablan, es una estúpida fantasía proveniente de la imaginación de algunos ilusos. Al igual que el invidente que trata de imaginar los colores, así teñimos al maravilloso Creador de los cielos y la tierra con las tonalidades y sonidos de nuestras limitadas mentes, emociones, paradigmas y culturas, y podemos llegar a reducir al Dios Todopoderoso, a una lista de normas morales y opiniones de lo que consideramos sensato. Por eso Pablo en su carta a los romanos explica quiénes son los verdaderos creyentes (no los religiosos): "...todos los que son guiados por el Espíritu de Dios, éstos son hijos de Dios."[46] La conexión divina es Espíritu-espíritu, el Espíritu de Dios con el espíritu del ser humano.

PARA REFLEXIONAR:

¿Pudo haber sido el Big Bang la explosión que ocurrió cuando Dios dijo: "Sea la luz"?[47] ¿Tiene sentido pensar que los días de la creación fueron cada uno de veinticuatro horas cuando el sol aún no existía y por ende la tierra aún no rotaba sobre su propio eje?

---

[45] Mateo 16:21, 17:23, 20:19, Marcos 8:31, 9:31, 10:34, Lucas 18:33, Juan 3:14, 8:28, 12:34

[46] Romanos 8:14

[47] Génesis 1:3

El entendimiento embotado por el velo

"Pero el entendimiento de ellos se embotó; porque hasta el día de hoy, cuando leen el antiguo pacto, les queda el mismo velo no descubierto, el cual por Cristo es quitado. Y aun hasta el día de hoy, cuando se lee a Moisés, el velo está puesto sobre el corazón de ellos. Pero cuando se conviertan al Señor, el velo se quitará. Porque el Señor es el Espíritu; y donde está el Espíritu del Señor, allí hay libertad."[48] (Subrayado mío).

Recientemente estuve de visita en una ciudad de Indonesia llamada Medan, ubicada al noroeste del país, muy cerca de Banda Aceh. Al bajar del avión, un moderno tren nos llevó a la ciudad en menos de una hora. Desafortunadamente las ventanas del tren, al menos en el área donde me tocó sentarme, tenían una suerte de red para proteger los vidrios, la cual me impidió disfrutar del aparentemente hermoso paisaje del camino. Fue como ver un jardín detrás de una cortina. Su belleza estaba velada

> Solo a través de Jesús el velo es quitado, cuando nos convertimos a Él, porque Él es el Espíritu

---

48 2 Corintios 3:14-17 (Subrayado mío)

para mí. Algo parecido sucede cuando vemos una imagen de un paisaje de la Antártica cubierto de hielo. Con un poco de imaginación quizás podamos llegar a sentir un poquito de frío (al igual que quizás observando imágenes de regiones desérticas, podríamos sentir calor), pero hasta ahora es imposible que a través de esas fotos o videos experimentemos completamente la sensación de estar allí. Nadie se morirá congelado ni se deshidratará del calor por ver un video de lugares con temperaturas extremas. La pantalla de la televisión o cine se ven reales pero aún están veladas. No permiten transferir a nuestros sentidos todas las sensaciones de estar allí. Por eso la industria tecnológica y la del entretenimiento trabajan activa y cercanamente para lograr "transportarnos," de la manera más vívida posible, a percibir múltiples experiencias sensitivas. Quieren romper ese velo. De un modo parecido, nuestra alma es natural y no puede captar lo espiritual. Está velada. Intuye al Creador pero no puede experimentarlo vívidamente. Por eso inventamos las religiones. Pero con nuestro espíritu apagado (desconectado de Su Espíritu), solo alcanzamos a ver un borroso espejismo a lo lejos, el cual aseguramos que es un oasis. El problema surge cuando le atribuimos temperatura, colores y aromas a ese oasis que creemos ver, y que además demandamos que otros también lo vean, aunque es solo un espejismo...

> *El problema surge cuando le atribuimos temperatura, colores y aromas a ese oasis que creemos ver*

Pero el verso anterior nos da una gran esperanza. El velo puede quitarse, o mejor dicho: "por Cristo es quitado." ¿Cuándo y cómo lo quita Cristo? Cuando "nos convirtamos al Señor." ¿Por qué sucede esto así y no de ninguna otra forma? El mismo verso lo aclara: "Porque el Señor es el Espíritu." ¿Te acuerdas que fue nuestro espíritu el que después de la desobediencia de Adán, quedó apagado? Solo Jesús puede encenderlo nuevamente, reactivarlo, como quien acerca un trozo de madera seca a una antorcha o conecta un cable eléctrico en un enchufe. Una vez que Adán y Eva perdieron su comunión espiritual con Dios, se sintieron desnudos y se escondieron.[49] Por eso huyeron del Señor a quien antes veían cara a cara. Por eso fueron expulsados de Edén, al igual que todos nosotros. Sin embargo, una vez que nos reconectamos con Dios a través de Jesucristo, somos libres porque: "... donde está el Espíritu del Señor, allí hay libertad."[50] Él es el postrer Adán según está escrito: "Fue hecho el primer hombre Adán alma viviente; el postrer Adán, espíritu vivificante."[51] Jesús es ese postrer Adán, espíritu vivificante, de modo que si por el primer Adán, el error (o pecado) entró al mundo manifestándose de generación a generación,[52] también por el postrer Adán (Jesucristo) esos pecados son expulsados del alma del creyente. Su sangre es el único desinfectante suficientemente poderoso para librarnos de toda nuestra maldad (porque con ella, Jesús pagó todo el precio de nuestras deudas, errores, enfermedades y maldiciones). Por eso agrega Pablo: "El primer hombre es de la tierra, terrenal; el segundo hombre, que es el Señor, es del cielo."[53]

---

[49] Génesis 3:10
[50] 1 Corintios 3:17b
[51] 1 Corintios 15:45
[52] Salmos 51:5 "He aquí, en maldad he sido formado, Y en pecado me concibió mi madre" y 109:14 "Venga en memoria ante Jehová la maldad de sus padres, Y el pecado de su madre no sea borrado."
[53] 1 Corintios 15:47

Esta interrelación entre la restauración de nuestro espíritu (gracias a Jesucristo) y la caída del velo, se describe de una manera impresionantemente clara en la narración de la muerte de Jesús según el Evangelio de Marcos:

> "Mas Jesús, dando una gran voz, expiró. Entonces el velo del templo se rasgó en dos, de arriba abajo. Y el centurión que estaba frente a él, viendo que después de clamar había expirado así, dijo: Verdaderamente este hombre era Hijo de Dios."[54]

Generalmente leemos estos versos seguidos, sin pausa y sin poner atención a algunos detalles. Primeramente observemos que Jesús está siendo crucificado, en el Gólgota, fuera de la ciudad, y en el mismo instante en que grita "consumado es,"[55] y muere, Marcos nos transporta en una fracción de segundo al templo que está dentro de la ciudad. Allí "el velo del templo se rasgó en dos, de arriba abajo." Este templo tenía tres partes: 1. El **Atrio** que es el área externa de donde Jesús expulsó a los mercaderes,[56] y que representa al cuerpo físico, 2. El **Lugar Santo** donde entraban los sacerdotes a ministrar, y que representa al alma; y 3. El **Lugar Santísimo** adonde solo el sumo sacerdote tenía derecho a entrar, una vez al año, para interceder y pedir perdón por los pecados del pueblo, y que representa al espíritu.[57] Si Dios no

---

54 Marcos 15:37-39
55 Juan 19:30
56 Lucas 19:45-46
57 Hebreos 9:6-7 "Y así dispuestas estas cosas, en la primera parte del tabernáculo entran los sacerdotes continuamente para cumplir los oficios del culto; pero en la segunda parte, sólo el

aceptaba la ofrenda ni perdonaba al pueblo, el sacerdote
moriría, y como nadie podría entrar allí porque en ese
lugar habitaba la Presencia viviente de Dios, se le ataba
una cuerda en el tobillo para sacarlo arrastrado si fuese
necesario. Ahora bien, la cortina o velo que se rasgó era
la que separaba el Lugar Santo del Santísimo según Dios
instruyó a Moisés:

> "También harás un velo de azul, púrpura,
> carmesí y lino torcido; será hecho de obra
> primorosa, con querubines; y lo pondrás sobre
> cuatro columnas de madera de acacia cubiertas
> de oro; sus capiteles de oro, sobre basas de
> plata. Y pondrás el velo debajo de los corchetes,
> y meterás allí, del velo adentro, el arca del
> testimonio; y aquel velo os hará separación
> entre el lugar santo y el santísimo."[58]
> (Subrayado mío)

Ese velo representaba la separación del Espíritu de Dios
y el nuestro. Recordemos que una vez salvos por Cristo,
Dios nos hace templos vivientes del Espíritu Santo.[59] Ahora
bien, si volvemos a la narración de Marcos, podemos ver
tres sucesos que se suceden casi simultáneamente:

---

sumo sacerdote una vez al año, no sin sangre, la cual ofrece
por sí mismo y por los pecados de ignorancia del pueblo;..."

[58] Éxodo 26:31-33 (Subrayado mío)

[59] 1 Corintios 3:16 "¿No sabéis que sois templo de Dios, y que el
Espíritu de Dios mora en vosotros?" Y también 1 Corintios
6:19: "¿O ignoráis que vuestro cuerpo es templo del Espíritu
Santo, el cual está en vosotros, el cual tenéis de Dios, y que no
sois vuestros?"

- Jesús muere y culmina su sacrificio pagando por todos nuestros pecados y deudas.
- El velo del templo se rasga de arriba abajo anunciando físicamente lo que acababa de ocurrir en el mundo espiritual: el fin de la separación de Dios y los hombres. La expresión "de arriba abajo" resalta que la restauración de la relación entre Dios y los hombres es completa, no es parcial o casi completa, es total.
- El velo espiritual del soldado romano que estaba a los pies de Jesús también se rasgó porque en ese mismo instante se percata de que Jesús "verdaderamente era el hijo de Dios..." (a pesar de que probablemente era politeísta y seguramente contribuyó al sufrimiento de Jesús y los otros dos crucificados).

No es casualidad que la Biblia narre estos sucesos en ese orden. Cuando Jesucristo muere y Dios se reconcilia con la humanidad, inmediatamente el velo de separación "por Cristo es quitado" y el hombre, no creyente, ahora sin velo, comprende y cree.

"Así que, hermanos, teniendo <u>libertad para</u> <u>entrar en el Lugar Santísimo</u> por la sangre de Jesucristo, por el camino nuevo y vivo que <u>él</u> <u>nos abrió a través del velo,</u> esto es, de su carne, y teniendo un gran sacerdote sobre la casa de Dios, acerquémonos con corazón sincero, en plena certidumbre de fe, purificados los corazones de mala conciencia, y lavados los cuerpos con agua pura."[60] (Subrayado mío)

---

60 Hebreos 10:19-22 (Subrayado mío)

Ahora podemos entrar al Lugar Santísimo "por el camino nuevo y vivo" que Él "abrió a través" del velo (o al rasgar el velo), con su muerte. Solo a través de Él podemos hallar vida. Por eso el Mesías nos dice:

"...Yo soy el camino, y la verdad, y la vida; nadie viene al Padre, sino por mí."[61]

"Yo soy la puerta; el que por mí entrare, será salvo; y entrará, y saldrá, y hallará pastos."[62]

"No temáis, manada pequeña, porque a vuestro Padre le ha placido daros el reino."[63]

"Yo soy la vid, vosotros los pámpanos; el que permanece en mí, y yo en él, éste lleva mucho fruto; porque separados de mí nada podéis hacer."[64]

"Y yo rogaré al Padre, y os dará otro Consolador, para que esté con vosotros para siempre: el Espíritu de verdad, al cual el mundo no puede recibir, porque no le ve, ni le conoce; pero vosotros le conocéis, porque mora con vosotros, y estará en vosotros. No os dejaré huérfanos; vendré a vosotros."[65] (Subrayado mío)

---

[61] Juan 14:6
[62] Juan 10:9
[63] Lucas 12:32
[64] Juan 15:5
[65] Juan 14:16-18 (Subrayado mío)

El mundo natural y el espiritual están conectados. Lo que sucede en el espíritu, afecta a lo natural. Jesús muere e inmediatamente se rasga el velo y el soldado incrédulo cree en Jesús. Su espíritu se encendió. El velo entre su alma y su espíritu se rasgó de arriba abajo al mismo tiempo que se rasgó la cortina entre el Lugar Santo (alma) y el Santísimo (espíritu).

"De cierto os digo que todo lo que atéis en la tierra, será atado en el cielo; y todo lo que desatéis en la tierra, será desatado en el cielo."[66]

De religión a relación

El pecado opera de una manera muy parecida a una pequeña cañería de aguas negras que fluye en una limpia laguna. El chorrito puede parecer pequeño comparado con la inmensa masa de agua pero, si alcanzas a ver la cañería, no beberás del agua. ¿Por qué? Porque está contaminada. Mientras mayor sea la cantidad de agua limpia, menos se notará la contaminación, pero eso no significa que el agua sea pura. En algunos de nosotros el grado de contaminación es obvio mientras que en otros está bien diluido, pero aunque el hilito de aguas negras no se vea ni se note la diferencia, continúa allí, goteando...

Cuando nos evaluamos a nosotros mismos, tendemos a enfocarnos en nuestra agua limpia: hacemos caridad, ayudamos a un familiar o amigo necesitado, donamos sangre. Algunos incluyen pequeños actos de bondad como concederle el puesto a una persona mayor, dejar pasar primero a alguien en la fila del auto-mercado y los más autoindulgentes contabilizan hasta las veces que sonrieron mostrando amabilidad. El sabio rey Salomón explica esta parcialidad: "Todo camino del hombre es recto en su propia opinión; Pero Jehová pesa los corazones."[67] Pablo, por su parte, dice que las obras no nos libran: "...por cuanto todos pecaron, y están destituidos de la gloria de Dios,"[68] y también "no por obras, para

---

[67] Proverbios 21:2
[68] Romanos 3:23

que nadie se gloríe."[69] No hay ninguna buena acción que podamos hacer que nos haga merecedores del cielo.

Es necesario que entendamos algo: los seres humanos hemos inventado la "gravedad" del pecado. Para Dios, que es Santo, toda forma de pecado es repugnante. Él no tiene una escala de pequeños, medianos y grandes errores. Desde su punto de vista matar no es peor que robar, ni chismear es más tolerable que adulterar. Además nuestro juicio siempre será parcial e injusto porque lo que para algunos es inaceptable, para otros puede ser completamente normal. Esto también puede observarse en la manera como diferentes culturas lidian con prácticas como la poligamia, el matriarcado, el asesinato de recién nacidos o diferentes formas de orientación sexual. En los Estados Unidos y muchas otras naciones continúa el debate respecto al matrimonio gay mientras que en países como Irán te ejecutan por serlo. Algo similar ocurre con las religiones cuando vemos que los hindúes idolatran a las vacas que, en otras geografías, son perfectamente comestibles. Cada uno de nosotros tiene su propia medida, su propia opinión y su propia escala. Por eso evito involucrarme en esas conversaciones que más parecen un debate sobre lo que es correcto y lo que no. Cada uno tiene su propio argumento y parece creer que, si convence a los otros de que aprueben sus propuestas, entonces dichas propuestas de algún modo se volverán aceptables o correctas. Es una especie de aprobación colectiva pero, ¿si un país entero está de acuerdo con el aborto, significará eso que está bien? ¿En dónde queda la opinión del Creador según Su Palabra ya sea que te parezca adecuada y razonable o no? ¿Crees que si todos los gobiernos aprueban el matrimonio entre

---

[69]   Efesios 2:9

personas del mismo sexo, Dios lo aprueba también para no "confrontar a la mayoría"? Si ese es tu pensamiento sencillamente no has entendido que Dios es Monarca, no demócrata. Es por esto que el profeta Isaías advierte:

> "¡Ay de los que a lo malo dicen bueno, y a lo
> bueno malo; que hacen de la luz tinieblas, y
> de las tinieblas luz; que ponen lo amargo por
> dulce, y lo dulce por amargo!"[70]

La verdad es cierta independientemente de cuántas opiniones se opongan a ella, y la mentira es falsa aunque multitudes la crean. Por eso es vital que la "vara" con la cual nos medimos venga de la fuente más objetiva del universo: Dios. El único que puede pesar los corazones. Pero entonces, si todos pecamos y estamos destituidos de su gloria, ¿cuál es la salida? Nuevamente Jesucristo:

> "Porque la paga del pecado es muerte, más la
> dádiva de Dios es vida eterna en Cristo Jesús
> Señor nuestro."[71] (Subrayado mío).

> "Porque de tal manera amó Dios al mundo,
> que ha dado a su Hijo unigénito, para que todo
> aquel que en él cree, no se pierda, mas tenga
> vida eterna. Porque no envió Dios a su Hijo al
> mundo para condenar al mundo, sino para que
> el mundo sea salvo por él."[72]

> "Porque así como por la desobediencia de un
> hombre [Adán] los muchos fueron constituidos

---

[70]   Isaías 5:20
[71]   Romanos 6:23. (Subrayado mío)
[72]   Juan 3:16-17

pecadores, así también por la obediencia de uno
[Jesús], los muchos serán constituidos justos,"
(añadidos míos).[73] Observa que habla en pasado
cuando se refiere a Adán y los que "fueron
constituidos pecadores" mientras que habla en
futuro refiriéndose a los que serán salvos en
Cristo Jesús.

PARA REFLEXIONAR:

• Si una persona está, por ejemplo, llena de lujuria
  y su mente se ocupa únicamente en la perversión
  sexual, ¿crees que cambiara su comportamiento si
  se le hace sufrir?

• ¿Qué crees que pasaría si en las cortes de tu país,
  los jueces comienzan a guiarse más por la opinión
  personal de las personas acusadas que por las
  pruebas presentadas y las leyes y reglamentos?

---

[73] Romanos 5:19. (Añadidos míos)

Si la población de un país, un continente o aún el planeta entero estuviese de acuerdo en que adulterar, chismear, robar o abortar es legal y justo, ¿cambia eso la realidad de lo que está mal o bien? Nuestra propia opinión <u>siempre</u> está parcializada, no importa cuán sensatos nos consideremos. ¿Acaso se percata el cerdo de su inmundicia?

> *La verdad es cierta independientemente de cuántas opiniones se opongan a ella...*

"Hay generación limpia en su propia opinión, Si bien no se ha limpiado de su inmundicia."[74]

---

[74]   Proverbios 30:12

El alma y el espíritu

Como ya se planteó, nacimos con el espíritu apagado por la herencia natural pero nuestra alma continuamente intuye algo superior. Eso la hace inventar religiones y caminos alternos como la meditación, la adivinación, el ocultismo, la idolatría y la hechicería. De este modo, nuestra alma se entrelaza con nuestro espíritu, confundiéndose lo espiritual con lo emocional. Por ejemplo, si tu entendimiento espiritual está despierto, tú sabes que según lo describe la Biblia, los ángeles existen, y que ellos le sirven al Señor en Su Reino y obra, adorándolo y llevando Sus mensajes pero también batallando fieramente contra satanás y sus huestes de maldad. Pero si el espíritu permanece apagado, quizás podamos intuir la existencia de esos ángeles, y sentir que son generosos y hermosos. Debido a eso comenzamos a llamar "ángel" a quien nos apoya en medio de una dificultad, a alguien que nos parece muy atractivo, a un niño pequeño o a las personas que consideramos muy caritativas. Sin el espíritu, el velo permanece porque el corazón es "engañoso y perverso."[75]

La confusión causada por buscar interpretar lo espiritual desde el ámbito emocional tiene consecuencias no pequeñas. Imagina por un momento a un juez que mientras escucha los testimonios de los testigos, comience

---

[75] Jeremías 17:9 "Engañoso es el corazón más que todas las cosas, y perverso; ¿quién lo conocerá?"

a llorar o reírse según sus diferentes emociones. Si fueras tú el acusado seguramente estarías muy asustado. ¿Por qué? Por su subjetividad. Tú esperarías que un juez dictamine con absoluta imparcialidad, con objetividad, y le dé el peso apropiado a cada aspecto y evidencia, decidiendo con una cabeza fría y no porque le caíste bien o mal, o de acuerdo a su estado de ánimo en ese día en particular. Sin embargo esta es la manera como vivimos. Vemos la realidad que Dios dicta totalmente distorsionada o empañada por nuestras emociones, interpretaciones, cultura y paradigmas. Por eso no podemos juzgarnos a nosotros mismos porque nuestro corazón (alma) nos engañaría. La parcialidad es inevitable.[76]

Cuando te arrepientes de tus errores, aceptas a Jesucristo como tu único Señor y Salvador, y lo invitas sinceramente a entrar a tu corazón, tu espíritu comienza literalmente a despertar al contacto con Su Espíritu: "He aquí, yo estoy a la puerta y llamo; si alguno oye mi voz y abre la puerta, entraré a él, y cenaré con él, y él conmigo."[77] Abrirle la puerta de tu corazón a Jesucristo es comenzar una vida de intimidad y comunión con Él. Por eso nos envía al "Espíritu de verdad, al cual el mundo no puede recibir, porque no le ve, ni le conoce; pero vosotros le conocéis, porque mora con vosotros, y estará en vosotros."[78] Sin embargo, aunque literalmente eres cambiado y hecho una nueva criatura en ese instante,[79] el proceso de transformación apenas se inicia dado que no estás

---

[76] Para un estudio más profundo del tema de la parcialidad, te invito a consultar el excelente libro "Pensar lento, pensar rápido" del premio Nobel de Economía Daniel Kahneman

[77] Apocalipsis 3:20

[78] Juan 14:17

[79] 2 Corintios 5:17

acostumbrado a ser guiado por el Espíritu[80] ni a caminar por fe,[81] sino por aquello que tus ojos naturales pueden ver, palpar y entender. Es necesario que transcurra un proceso de crecimiento, fortalecimiento e independencia en tu espíritu. Tienes que ser transformado por medio de la renovación de tu entendimiento.[82] Tu espíritu debe crecer y tu alma someterse a él, a la vez que tu espíritu aprende a someterse al Espíritu Santo de Dios. Para eso necesitarás discernir entre las emociones y la verdad; entre tus deseos y los de Dios; entre derramar unas lagrimitas mientras le cantas una canción en la iglesia el domingo, y un quebrantamiento genuino (aquel donde algo espiritual se quiebra adentro de nosotros). Y esto solo se logra a través de la oración, adoración y meditación diaria en Su Palabra, la Biblia:

> "Porque la palabra de Dios es viva y eficaz, y más cortante que toda espada de dos filos; y penetra hasta partir el alma y el espíritu, las coyunturas y los tuétanos, y discierne los pensamientos y las intenciones del corazón."
> Hebreos 4:12. (Subrayado mío).

¿Palabra viva y eficaz? ¿Palabra que corta más que una espada con doble filo? ¿Parte el alma y el espíritu? Desmenucemos esto paso a paso:

- Su Palabra está viva: Cuando en Génesis 1:3 Dios dijo "Sea la luz," el mismo verso dice "y fue la luz." Del mismo modo vemos a lo largo del capítulo 1 de Génesis, que Dios ordenó la creación paso a

---

80   Romanos 8:14
81   2 Corintios 5:7
82   Romanos 12:2

paso con Su Palabra. Dios crea vida por medio del
poder de Su Palabra, y ¿cómo podría esa Palabra
crear vida sin estar viva ella misma? Acá además
hay un hermoso misterio porque Jesús mismo es la
Palabra o el Verbo.

- Su Palabra es eficaz: Es eficiente, cierta, no es
parcial sino que logra completamente su cometido
y los obstáculos no la detienen. El profeta Isaías
hace una comparación que ilustra claramente la
certeza (o eficacia) de esta Palabra:

> "Porque como desciende de los cielos la
> lluvia y la nieve, y no vuelve allá, sino
> que riega la tierra, y la hace germinar y
> producir, y da semilla al que siembra, y pan
> al que come, así será mi palabra que sale
> de mi boca; no volverá a mí vacía, sino que
> hará lo que yo quiero, y será prosperada en
> aquello para que la envié."[83]

¿Alguna vez has visto que la lluvia o la nieve vienen
cayendo y dos o tres metros antes de llegar al suelo, se
devuelvan? Por supuesto que no. La ley de la gravedad
no se suspende jamás. Una vez que salió de la nube, con
certeza aterrizará en alguna parte. ¿Y qué pasa en los
campos cuando la lluvia riega la tierra? Que reverdecen y
dan fruto. Lo que esta cita nos dice es que la Palabra que
sale de la boca de Dios[84] es tan cierta en que producirá
lo que declara como la lluvia que una vez que riegue la
tierra, esta dará fruto. Así de eficaz es Su Palabra.

---

[83]   Isaías 55:10-11
[84]   Mateo 4:4 "El [Jesús] respondió y dijo: Escrito está: No sólo de
pan vivirá el hombre, sino de toda palabra que sale de la boca
de Dios." (Añadido mío).

- Más cortante que toda espada de dos filos: la Palabra de Dios no es una palabra ordinaria. Ella está viva y su uso tiene un impacto: penetra y parte el alma y el espíritu, es decir, los separa, los divide, discierne y distingue al uno del otro, evitando que lo emocional y lo espiritual se confundan. La Palabra de Dios produce sabiduría para separar el espíritu del alma, las tinieblas de la luz, la mentira de la verdad, lo impuro de lo puro. Si eres una persona que a pesar de tener hambre espiritual y muy buenas intenciones, no tienes un discernimiento claro entre el bien y el mal, y le buscas tu explicación personal a todo, afirmando que todo es relativo y depende de lo que cada quien opine, es probable que tengas entrelazados tu alma y espíritu, y para separarlos necesitas a Jesucristo y Su Palabra.

- Penetra hasta partir el alma y el espíritu: como ya hemos mencionado varias veces, nacemos con el espíritu apagado. En el mismo instante en que comenzamos a buscar a Dios según

> Solo partiendo (separando)
> el alma y el espíritu
> por la palabra de Dios,
> podemos discernir entre
> las emociones y la verdad

nuestro propio raciocinio y sentido común, el alma y el espíritu apagado y débil, se entrelazan, confundiéndose uno con el otro, procurando discernir lo espiritual desde lo emocional. Por eso, como creemos que Dios es amor, asumimos que no puede existir el infierno ya que nuestra emoción nos dice: "no creo que sea así," en vez de evaluar lo que Dios dice claramente a través de Su Palabra. Por eso decimos cosas completamente anti-bíblicas cómo "deja que sea tu corazón quien siempre te guíe" (lo cual puede causarte consecuencias desastrosas),[85] o aquella famosa pero falsa cita de "como Dios dijo: cuídate que yo te cuidaré." Esta frase no se encuentra en la Biblia (ni podría estarlo porque es totalmente contraria a la paternidad de Dios) pero muchos creyentes creen que efectivamente sí está. ¿Por qué? Porque la frase hace sentido al alma (Dios cuida al que se cuida), pero no al espíritu (Jesús murió por ti desde mucho antes de que nacieras). Por esta misma razón inventamos religiones. Imaginamos que Dios debe ser de cierto modo, y con esa base le erigimos supuestos altares que no son otra cosa que una exaltación a nosotros mismos, a nuestra opinión y arrogancia, porque en nosotros abunda la idolatría. Decimos seguir a un Dios y decidimos que es lo que le gusta y lo que no, según nuestras convicciones y paradigmas. Ya lo dijo Pablo: "Pero el hombre natural no percibe las cosas que son del Espíritu de Dios, porque para él son locura, y no las puede entender, porque se han de discernir espiritualmente."[86] Sin nuestro espíritu despierto y conectado a Su Espíritu, es imposible vivir la vida completa que Jesucristo compró con Su sangre para nosotros.

---

[85] Jeremías 17:9 "Engañoso es el corazón más que todas las cosas, y perverso; ¿quién lo conocerá?"

[86] 1 Corintios 2:14

Veamos un ejemplo específico:

Jesucristo, ya lleno de fama por los hermosos milagros y maravillas que hacía, fue a visitar a sus familiares y amigos en su pueblo Capernaum. ¿Qué sucedió? Bueno, aquellos que lo conocían desde pequeño (incluyendo sus propios hermanos de sangre), no podían aceptar Su mensaje. Simplemente decían: "¿No es éste el carpintero, hijo de María, hermano de Jacobo, de José, de Judas y de Simón? ¿No están también aquí con nosotros sus hermanas? Y se escandalizaban de él."[87] En otras palabras, como lo conocían desde pequeño, no aceptaban Su testimonio. Quizás en sus mentes el Hijo de Dios debía tener una aureola alrededor de Su cabeza y hablar con un tono reverente, y como ellos vieron a Jesús niño corriendo, jugando y llorando al caerse, eso inhabilitó toda posibilidad Mesiánica. Por eso Juan dice: "Pero a pesar de que había hecho tantas señales delante de ellos, no creían en él;..."[88] y Marcos añade como Jesús en su pueblo: "...no pudo hacer allí ningún milagro, salvo que sanó a unos pocos enfermos, poniendo sobre ellos las manos. Y estaba asombrado de la incredulidad de ellos..."[89] ¡Qué impresionante!" ¡El Dios de los cielos estaba asombrado! ¿La razón? Porque los que conocían a Jesús desde niño tenían el entendimiento espiritual velado. El entendimiento intelectual de sus almas ("yo conozco a Jesús desde que era un pequeño niño") estaba entrelazado con el espiritual, haciendo que al igual que con Tomás, la incredulidad saliera a flote.

---

87   Marcos 6:3
88   Juan 12:37
89   Marcos 6:5-6

Sin la guía del Espíritu Santo humanizamos a Dios. En vez de meditar en Su Palabra para renovarnos, la reconciliamos con aquello que cabe en nuestra mente. Por eso los fariseos, al no poder entender el poder divino de Dios en Jesucristo, glorificaron a satanás:

"Mas los fariseos, al oírlo, decían: Este no echa fuera los demonios sino por Beelzebú, príncipe de los demonios."[90]

El combate entre nuestra alma y nuestro espíritu. Un ejemplo bíblico:

Abram tenía una promesa muy grande de parte de Dios. Él era un hombre anciano cuando el Señor prometió darle una descendencia como las estrellas del cielo: incontable.[91] Esto solo podía entenderse espiritualmente, y Abraham lo hizo porque luego de escuchar de parte de Dios esta promesa tan descabellada (considerando que su esposa no solo era también de edad avanzada sino además estéril desde su juventud), él: "... creyó a Jehová, y le fue contado por justicia."[92] Ahora bien, esta promesa no tenía base alguna ni lógica. Era totalmente absurdo pensar que el hijo que una pareja no pudo engendrar cuando ambos cónyuges eran jóvenes y saludables, podría nacer ahora que Abram era de "casi cien años."[93] Pero la diferencia estuvo en que:

"El creyó en esperanza contra esperanza, para llegar a ser padre de muchas gentes, conforme a lo que se le había dicho: Así será tu descendencia. Y no se debilitó en la fe al considerar su cuerpo, que estaba ya como muerto (siendo de casi cien años, o la

---

91   Génesis 15:5
92   Génesis 15:6
93   Romanos 4:19 "Y no se debilitó en la fe al considerar su cuerpo, que estaba ya como muerto (siendo de casi cien años, o la esterilidad de la matriz de Sara)."

esterilidad de la matriz de Sara). <u>Tampoco</u> <u>dudó</u>, por incredulidad, de la promesa de Dios, sino que <u>se fortaleció en fe,</u> dando gloria a Dios, plenamente convencido de que <u>era</u> también poderoso para hacer todo lo que había prometido...″[94] (Subrayado mío).

Para el alma de Abram (o Abraham)[95] esta promesa era imposible de creerse ("al considerar su cuerpo que ya estaba como muerto, o la esterilidad de la matriz de Sara (o Sarai))."[96] Pero como él lo entendió desde su espíritu, si le pareció posible de modo que, en vez de dudar, se "fortaleció en fe." ¿Ves la diferencia? Abram no trató de conciliar lo que Dios le prometía con lo que él consideraría sensato. Este hombre increíble no buscó puntos intermedios donde convenir en algo razonable. No, él estaba "plenamente convencido" de que ese Dios era "poderoso para hacer todo lo que había prometido." Si Dios lo dijo, Él lo hará; si Dios lo dijo, entonces ¡es posible y va a pasar! Esto me hace recordar el momento cuando Pedro le gritó a Jesús desde la barca, a las tres de la mañana y con el viento soplando en contra: "Señor, si eres tú, manda que yo vaya a ti sobre las aguas."[97] Y al Jesús decirle "ven", Pedro pudo caminar sobre el mar. Lo que el espíritu de Pedro captó era imposible de entenderse desde el alma. Ella hubiera consultado la opinión de Juan y Santiago, observado la altura de las olas, considerado

---

94 Romanos 4:19-21. (Subrayado mío).
95 Génesis 17:5 narra como Dios cambio de nombre de Abram a Abraham que significa padre enaltecido o padre de muchedumbres
96 Génesis 17:15 narra como el nombre de Sarai fue cambiado por Sara, que significa princesa.
97 Mateo 14:28b

el peligro de no ser rescatable en la oscuridad, etc. Pero el espíritu de Pedro se enfocó en Jesús y lo sobrenatural ocurrió. De hecho, cuando poco después Pedro comenzó a percatarse de lo que le acontecía (regresando bajo el mando de su alma debido a la fuerza de la costumbre), observó "...el fuerte viento, tuvo miedo; y comenzando a hundirse, dio voces, diciendo: ¡Señor, sálvame!"[98] ¿Y qué le dijo Jesús?: "¡Hombre de poca fe! ¿Por qué dudaste?"[99] En otras palabras: ¿Por qué te pusiste a razonar y a evaluar la factibilidad o sensatez de lo que te dije? Ya lo estabas haciendo.[100]

Pero Sarai, la esposa de Abram, lo manejó todo de una manera muy diferente, evaluando la promesa desde su alma. Ella no parece haber tenido una fe basada en la continua comunión espiritual que si tenía Abram con su Padre celestial. Por eso no creyó que a su edad podría tener "deleite" con su marido nuevamente y ser madre.[101] Era necesario proponerle a su esposo una solución muy difícil desde el punto de vista emocional pero mucho más "razonable" que esperar en Dios "sin hacer nada":

> "Sarai mujer de Abram no le daba hijos; y ella tenía una sierva egipcia, que se llamaba Agar. Dijo entonces Sarai a Abram: Ya ves que Jehová me ha hecho estéril; te ruego, pues, que te

---

[98]   Mateo 14:30
[99]   Mateo 14:31b
[100] Me parece interesante resaltar que la expectativa de Jesús era que siguiera caminando y, por no hacerlo, se enojó con Él. Dios quiere que vivamos en el reino de lo sobrenatural
[101] Génesis 18:12 "Se rió, pues, Sara entre sí, diciendo: ¿Después que he envejecido tendré deleite, siendo también mi señor ya viejo?"

llegues a mi sierva; quizá tendré hijos de ella. Y
atendió Abram al ruego de Sarai. Y Sarai mujer
de Abram tomó a Agar su sierva egipcia, al cabo
de diez años que había habitado Abram en la
tierra de Canaán, y la dio por mujer a Abram
su marido. Y él se llegó a Agar, la cual concibió;
y cuando vio que había concebido, miraba con
desprecio a su señora."[102] (Subrayado mío).

Parece que Sarai, al igual que muchos de nosotros cuando
las circunstancias se oponen a nuestros deseos y jugamos
a ser dioses, concluyó que el Creador necesitaba una
ayudita. No pudiendo conciliar su desesperado deseo
de ser madre (en su alma) con una promesa tan poco
probable (entendible solo en el espíritu), escogió tomar
cartas en el asunto. Después de todo, en su alma Dios era
culpable porque la "ha hecho estéril." Sin embargo no fue
sino hasta que Ismael (el hijo de la esclava Agar) alcanzó
unos catorce años, cuando llegó el cumplimiento de la
verdadera promesa. Sí, cuando ésta era aún más difícil de
creer que nunca...

Me encanta el hecho de que cuando los ángeles vinieron
a anunciarle a Abraham el tiempo exacto en el que todas
estas cosas acontecerían, Sara se rio adentro de su tienda
debido a lo absurdo de la posibilidad de tener nuevamente
"deleite" con su muy anciano marido. Esto causó que
Jehová se molestara por su incredulidad y le dijera a
Abraham:

"... ¿Por qué se ha reído Sara diciendo: ¿Será
cierto que he de dar a luz siendo ya vieja?

---

[102] Génesis 16:1-4 (Subrayado mío)

¿Hay para Dios alguna cosa difícil? Al tiempo señalado volveré a ti, y según el tiempo de la vida, Sara tendrá un hijo."[103]

"Según el tiempo de la vida," es decir fuera del tiempo natural pero en el tiempo de Dios. Alrededor de un año después, luego de la destrucción de Sodoma y Gomorra:

"Visitó Jehová a Sara, como había dicho, e hizo Jehová con Sara como había hablado. Y Sara concibió y dio a Abraham un hijo en su vejez, en el tiempo que Dios le había dicho. Y llamó Abraham el nombre de su hijo que le nació, que le dio a luz Sara, Isaac. Y circuncidó Abraham a su hijo Isaac de ocho días, como Dios le había mandado. Y era Abraham de cien años cuando nació Isaac su hijo. Entonces dijo Sara: Dios me ha hecho reír, y cualquiera que lo oyere, se reirá conmigo. Y añadió: ¿Quién dijera a Abraham que Sara habría de dar de mamar a hijos? Pues le he dado un hijo en su vejez."[104] (Subrayado mío)

Tal como Dios lo había anunciado y contra toda lógica y raciocinio, la promesa se cumplió, pero no el tiempo de Sara ni en el de Abraham, sino en el tiempo de Dios ("al tiempo, según el tiempo de la vida, en el tiempo que Dios le había dicho"). Ahora observa cuan hermoso es el corazón del Padre. Cuando Él le informó a Abraham que tendría un hijo, le dijo que se llamará Isaac,[105] que significa, ¿sabes qué? **Risa**. Dios sabía que luego de

---

[103] Génesis 18:13-14
[104] Génesis 21:1-7 (Subrayado mío)
[105] Génesis 17:19

cumplida la promesa que parecía inalcanzable, Sara diría: "Dios me ha hecho reír, y cualquiera que lo oyere, se reirá conmigo." Imagino que cada vez que llamaban a su hijo: "Isaac, Risa, ven acá," tanto Sara como Abraham sonreían internamente, gozosos y plenamente convencidos del poder ilimitado de Dios.

Pero volviendo ahora a nuestro tema, ¿por qué es esto relevante? Porque seguir al alma o al espíritu trae consecuencias muy diferentes: En el Nuevo Testamento Pablo explica el contraste que ambas mujeres (Sara y Agar) representan:

> "Porque está escrito que Abraham tuvo dos hijos; uno de la esclava, el otro de la libre. Pero el de la esclava nació según la carne; mas el de la libre, por la promesa."[106]

El hijo es el fruto. Cuando seguimos lo natural según lo que le hace sentido a nuestra alma, el fruto es esclavo. Cuando le creemos a Dios sus promesas, el fruto es espiritual y nos da libertad.

Y luego Pablo continúa:

> "Pero como entonces el que había nacido según la carne perseguía al que había nacido según el Espíritu, así también ahora."[107]

El alma se resiste a creer lo que solo se puede entender espiritualmente (quizás sea esa la razón por la que algunos ateístas dedican años a estudiar teología tan

---

[106]   Gálatas 4:22-23
[107]   Gálatas 4:29

solo para procurar refutar las enseñanzas bíblicas, sin percatarse que el obstáculo para entender y creer está en sus propias almas).[108] Nuestra mente se resiste y retuerce, persigue, juzga, niega, ataca, critica y contradice lo que dice el espíritu, al no lograr discernirlo porque está apagado. Todo lo espiritual le resulta insensato e ilógico: "... el hombre natural no percibe las cosas que son del Espíritu de Dios, porque para él son locura, y no las puede entender, porque se han de discernir espiritualmente."[109] Por eso el apóstol concluye:

"Mas ¿qué dice la Escritura? Echa fuera a la esclava y a su hijo, porque no heredará el hijo de la esclava con el hijo de la libre."[110]

En otras palabras, ¡echa fuera las emociones! ¡Que no sea el alma quien te guíe sino el Señor! No puedes apropiarte de las promesas espirituales que Dios quiere darte mientras eres guiado guiado por tus sentimientos y sensaciones. No funciona así. Eso fue lo que hizo Sara al querer razonar la promesa interviniendo con una opción "sensata." Eso mismo fue lo que le pasó a Pedro cuando se enfocó en las olas y el viento. ¡Es necesario que el espíritu prevalezca sobre el alma!

Y en su carta a la iglesia de Roma, Pablo explica que los verdaderos hijos de Dios son aquellos guiados por Su Espíritu:

---

[108] Mateo 11: 25 "En aquel tiempo, respondiendo Jesús, dijo: Te alabo, Padre, Señor del cielo y de la tierra, porque escondiste estas cosas de los sabios y de los entendidos, y las revelaste a los niños."
[109] 1 Corintios 2:14
[110] Gálatas 4:30

"Porque todos los que son guiados por el
Espíritu de Dios, éstos son hijos de Dios."[111]

"El Espíritu mismo da testimonio a nuestro
espíritu, de que somos hijos de Dios."[112]

"Ahora, pues, ninguna condenación hay para
los que están en Cristo Jesús, los que no andan
conforme a la carne, sino conforme al Espíritu.
Porque la ley del Espíritu de vida en Cristo
Jesús me ha librado de la ley del pecado y de la
muerte. Porque lo que era imposible para la ley,
por cuanto era débil por la carne, Dios, enviando
a su Hijo en semejanza de carne de pecado y a
causa del pecado, condenó al pecado en la carne;
para que la justicia de la ley se cumpliese en
nosotros, que no andamos conforme a la carne,
sino conforme al Espíritu. Porque los que son de
la carne piensan en las cosas de la carne; pero
los que son del Espíritu, en las cosas del Espíritu.
Porque el ocuparse de la carne es muerte, pero
el ocuparse del Espíritu es vida y paz... ... Mas
vosotros no vivís según la carne, sino según
el Espíritu, si es que el Espíritu de Dios mora
en vosotros. Y si alguno no tiene el Espíritu de
Cristo, no es de él."[113] (Subrayado mío)

---

[111]   Romanos 8:14
[112]   Romanos 8:16
[113]   Romanos 8:1-9 (Subrayado mío)

Otro ejemplo bíblico de desobediencia debido al conflicto entre el alma y el espíritu:

D ios le dijo al rey Saúl, a través del profeta Samuel, que destruyese completamente a sus adversarios los amalecitas incluyendo, como era costumbre en esos tiempos, al rey (de nombre Agag en este caso). Además le instruyó específicamente que matase todo su ganado. ¿Y qué hizo Saúl? Evaluó la orden desde su alma. Lo razonó y aunque la orden era clara y directa, y de parte de Dios, no le pareció apropiada por lo que decidió obedecer parcialmente. Desafortunadamente la obediencia parcial es desobediencia:

"Y Saúl y el pueblo perdonaron a Agag, y a lo mejor de las ovejas y del ganado mayor, de los animales engordados, de los carneros y de todo lo bueno, y no lo quisieron destruir; mas todo lo que era vil y despreciable destruyeron."[114]

Saúl evaluó la sensatez y lógica de Dios en vez de obedecer. No destruyó lo que Dios le ordenó sino lo que él consideró despreciable. La respuesta de parte de Dios no se hizo esperar:

"Me pesa haber puesto por rey a Saúl, porque se ha vuelto de en pos de mí, y no ha cumplido

---

[114] 1 Samuel 15:9

mis palabras. Y se apesadumbró Samuel, y clamó a Jehová toda aquella noche."[115]

Cómo hemos visto a lo largo del presente trabajo, el alma y el espíritu son dos ámbitos diferentes y que junto al cuerpo forman un ser humano.

Al desobedecer fuimos "destituidos de la gloria de Dios"[116] y morimos, pero no física sino espiritualmente. Un velo fue levantado entre nuestra alma y nuestro espíritu, y entre nuestro espíritu y el Espíritu de Dios. El Dios santísimo moraba en el templo, accesible solo una vez al año al sumo sacerdote.

En esa desconexión, y debido a que todos intuimos la existencia de un ser superior, inventamos muchas religiones, enfocados en nuestra propia arrogancia e imaginación, tratando de dictaminar lo que le gusta o no, lo permitido o no, lo que le agrada o no...

Pero Cristo, nuestro redentor y salvador, al morir llevando sobre Sí mismo todo el pecado de la humanidad, nos redimió de la maldición. Llevó nuestras enfermedades, pecados, inmundicias, pobrezas... El velo se rasgó y gracias a Él tenemos nuevamente acceso al trono de Su gracia. Somos libres y tenemos vida abundante...

---

[115] 1 Samuel 15:11

[116] Romanos 3:23

Conclusiones:

P ara terminar este trabajo, tratemos nuevamente de responder algunas de las preguntas que hemos mencionado a través de él:

¿Por qué existen tantas religiones si la mayoría de ellas dicen que solo existe un Dios?

Al tener el espíritu apagado pero el alma intuyendo que existe un ser superior, nos hemos aproximado a ese dios según nuestra imaginación y con el tinte de nuestra cultura y experiencias previas. Lo hemos buscado como quien camina a tientas, extendiendo los brazos adelante y creando nuestra propia hipótesis por cada objeto que palpamos a oscuras. Y al encontrar cierta paz o trascendencia, buscamos profundizar más, y comenzamos a tratar de reconciliar lo que sea que dicen nuestros libros sagrados con lo que nos pasa, con aquello que experimentamos y nos hace sentido, o que nos hace sentir bien. Entonces inventamos nuestras propias doctrinas que comenzamos a explicar a otros, tratando de convencerlos y, si luego de cierto tiempo, a los demás también les hacen sentido, las volvemos creencias y más tarde, sectas o religiones, todas según nuestra propia cosmovisión.

> *Una religión es tan solo una humanización de Dios inventada por nuestra alma.*

En vez de conocer a Dios según Él se revela a través de su creación (en la naturaleza) y a través de Su Palabra, le damos una forma imaginaria que haga sentido a nuestra mente. Filtramos lo que Dios dice en Su Palabra a través de lo que nos suene razonable, porque una religión es tan solo una humanización de Dios inventada por nuestra alma. Entonces, donde la Biblia habla de un Padre, la religión fabrica a un tirano; en circunstancias donde Jesús mostró amor y compasión, los religiosos aplican juicio y legalismo; y cuando Jesús nos muestra el amor del Padre por su hijo pródigo, el religioso imita en cambio la envidia insensible del otro hijo.[117] Gracias a la religión suceden cosas lamentables. ¿Sabías que por siglos la iglesia ha perseguido, abusado y asesinado hombres, mujeres, ancianos y niños judíos debido a que según ellos, este pueblo fue el que crucificó a Jesús? Y si eso hace sentido, entonces ¿qué de los romanos? ¿Deberíamos odiar a todos los italianos ya que Pilato se lavó las manos y usó sus soldados para crucificar a nuestro Señor? ¿Cómo podemos los cristianos olvidar que todos los patriarcas, todos los profetas, todos los jueces, todos los salmistas incluyendo al rey David, el mismo Jesucristo y Sus apóstoles junto a Pablo fueron judíos? Porque en vez de vivir la Palabra de Dios, aplicamos una religión. Los cristianos debemos vivir eternamente agradecidos al pueblo de Israel, apoyarlo, orar por él, por su paz y bendecirlo porque nos dio la Palabra de Dios. Por eso David escribe:

"Pedid por la paz de Jerusalén;
Sean prosperados los que te aman.

---

[117] Lucas 15:25-31 Si bien el padre recibió amorosamente a su hijo que "era muerto y ha revivido" (verso 24), su otro hijo se enojó enormemente por el regreso de su hermano quien ha "consumido tus bienes con rameras." (verso 30).

Sea la paz dentro de tus muros,
Y el descanso dentro de tus palacios." [118]

Sin el judaísmo no existiría el cristianismo. Pero en nuestra alma nos volvemos legalistas, juzgando según nuestros paradigmas y prejuicios raciales. Queremos combatir al pecado con nuestras fuerzas, en vez de dejar que el Espíritu Santo limpie nuestros corazones y nos transforme. Y como cada uno tiene una opinión diferente, muchos afirman que cada quien tiene su "propio" dios, pero esta afirmación es totalmente absurda en sí misma:

- Solo existe un Dios y Él es como es y cómo se describe en Su Palabra. Lo que queramos, prefiramos o decidamos creer no puede alterar ni siquiera la más pequeña partícula de lo que Dios realmente es. Afirmar que cada quien cree en lo que quiere está bien, y es parte de la libertad que Dios nos da, pero decir que cada quien tiene su dios es tan absurdo como asegurar que cada quien tiene su propio planeta. Estamos ya cerca de ser siete billones de personas en el mundo pero Tierra solo hay una, sea que te guste o no...
- Como el mayor es quien guía al menor, Dios envió a Su Hijo Jesucristo para rasgar "de arriba abajo" el velo que nos separaba, haciendo la paz con toda la humanidad a través del sacrificio de Jesús, llevando sobre sí todos nuestros pecados, nuestras deudas, nuestras enfermedades, maldiciones y miserias. Por eso solo cuando aceptas a Jesús y lo invitas a entrar en ti (recuerda que Él respeta tu libre albedrío), tu espíritu se activa de nuevo

---

[118] Salmos 122: 6-7

y como el soldado romano a los pies de la cruz, puedes decir "verdaderamente este hombre es el hijo de Dios."

- Si Jesús hubiese sido un profeta y no el Hijo de Dios, lo hubiera dicho porque los profetas no mienten. Pero Él no afirmo ser ningún profeta sino el Mesías, el Hijo de Dios.

Es necesario que hagamos una pausa para reflexionar en todo aquello en lo que ciegamente hemos creído. Es necesario dejar de buscar a Dios donde no habita. Por eso a las mujeres que fueron a buscar el cadáver de Jesús quien ya había resucitado, el ángel les preguntó: "¿Por qué buscáis entre los muertos al que vive?"[119] En otras palabras, ¿por qué buscan la consecuencia natural (un cuerpo muerto en la tumba donde fue guardado) en vez de creer lo que el propio Mesías dijo que haría (resucitar)? ¿Por qué se guían a sí mismos en vez de seguir a quién dicen seguir? Los pensamientos de Dios son más altos que los nuestros y debemos ser humildes para anhelarlos, meditarlos y reflexionar en ellos según se expresan en la Biblia, hasta que se hagan realidad en nuestra vida, para luego vivirlos y atesorarlos. Solo así podremos obtener revelación divina, entendimiento de lo alto. No como enseña el Budismo y las sectas Nueva Era, meditando en nuestra propia filosofía y concentrándonos en nosotros mismos o en objetos de culto. Dios es real y está vivo, y si quieres conocerlo tienes que aproximarte a Él esperando ser sorprendido, maravillado, impactado...

---

[119] Lucas 24:5b

¿Por qué el dilema entre el sufrimiento y el placer? ¿Por qué hay que disfrutar ahora y pagar después o viceversa, sufrir ahora para vivir después?

Eva desobedeció a Dios bajo la expectativa de que el pecado era bueno y le daría placer y conocimiento.[120] Ese ha sido el mayor logro del enemigo, hacernos creer que de lo malo podemos sacar algo bueno, que de lo muerto podemos extraer vida, pero no se puede cosechar bendición sembrando maldición. No podemos construir nuestra felicidad sobre la desdicha de alguien más. Pablo lo explica más claro: "No os engañéis; Dios no puede ser burlado: pues todo lo que el hombre sembrare, eso también segará."[121]

Ahora bien, ¿cuál ha sido la reacción religiosa respecto al placer y al sufrimiento? "Satanizar" todo lo que pueda causar pecado. Por eso muchos promueven la pobreza aduciendo que el dinero es malo, basados en que muchas personas lo utilizan para el mal, pero Salomón, el rey más rico de la historia, dice que "el dinero sirve para todo."[122] Al igual que el fuego, una roca, una soga o un cuchillo, el dinero no es bueno ni malo sino que depende del alma de quien lo use.

Dios creó los órganos sexuales y a la pareja, estableciendo legalmente el disfrute de una satisfactoria y sana relación íntima dentro de los límites del matrimonio como base

---

[120] Génesis 3:6 Y vio la mujer que el árbol era bueno para comer, y que era agradable a los ojos, y árbol codiciable para alcanzar la sabiduría; y tomó de su fruto, y comió; y dio también a su marido, el cual comió así como ella.
[121] Gálatas 6:7
[122] Eclesiastés 10:19b

de la familia y sociedad. Pero como muchas personas les son infieles a sus cónyuges o simplemente pervierten el lecho marital de múltiples maneras, la respuesta religiosa ha sido proponer la abstinencia y condenar la satisfacción sexual; pero ese no es el plan de Dios. Además es antinatural. Una profunda fuente de frustración, de represión, y causa de abusos, infidelidad y muchos otros males.

El pecado no puede controlarse con las propias fuerzas. Si fuese así la Biblia no diría "...todos pecaron, y están destituidos de la gloria de Dios"[123] sino más bien algo cómo "batalla contra el pecado y límpiate a ti mismo." Pero solo reactivando nuestra conexión espiritual con Dios a través de la sangre de Jesucristo podemos ser libres del pecado. Una vez que el error entra y contamina (como el chorrito de aguas negras que desemboca en el limpio lago), no puede ser lavado con buenas acciones ni intenciones. Tus buenas obras no pueden compensar tus muchos errores. No puedes salvarte a ti mismo. Y aún si fuese posible, sobrevalorarías tus aciertos y minimizarías tus fallas. Esa matemática de "el que peca y reza, empata" es otra expresión lamentable de nuestra ignorancia de Dios, aunque resuene llena de sentido en nuestra alma. Solo Jesús puede restaurarnos. Él es el Camino, y la Verdad, y la Vida, y nadie va al Padre sino a través de Él.[124]

---

[123] Romanos 3:23
[124] Juan 14:6

Resumen:

S in Jesús, nuestro espíritu se encuentra apagado, y nuestra alma inventa religiones y mecanismos infructuosos para tratar de acercarse a Dios.

Esta reconexión con el Creador solo puede restablecerse a través de Jesucristo. Él es el Camino, y la Verdad, y la Vida, y nadie va (nadie conoce, accede o discierne) al Padre sino a través del Hijo.[125]

Para eso vino Jesucristo, el Mesías, al mundo. Él llevó sobre sí mismo el castigo de nuestros pecados para que seamos perdonados, y para que el canal hacia el Padre sea abierto nuevamente. Por eso el apóstol nos invita así: "Acerquémonos, pues, confiadamente al trono de la gracia, para alcanzar misericordia y hallar gracia para el oportuno socorro."[126] Ahora tenemos acceso directo y continuo a Dios, a través del Hijo y Su Espíritu Santo. El velo se rasgó de arriba abajo. No necesitamos intermediarios, Jesús es el puente.

---

[125] Juan 14:6
[126] Hebreos 4:16

Si ya conoces a Jesucristo como tu único y suficiente Señor y Salvador, tu espíritu ya está despertando, pero es necesario que mantengas una comunión diaria con Él. Mantén la llama encendida. Pablo nos advierte claramente: "No apaguéis al Espíritu."[127]

---

[127] 1 Tesalonicenses 5:19

S i crees que Jesús está vivo. Si crees que Él murió por ti y por mí, y deseas que el velo se rasgue para que puedas reactivar a tu espíritu para que se una al Suyo, y comenzar ahora mismo una relación verdadera con Dios, no una nueva religión, busca un lugar donde puedas estar a solas y ora a Jesús más o menos así:

Señor Jesús, gracias por ir a esa Cruz a pagar por mis muchos pecados y errores tomando Tú el lugar que me correspondía. Gracias por llevar mi sufrimiento, mis enfermedades, mis maldiciones, mi escasez y el castigo para que yo tenga paz. Yo creo que Tú eres el Hijo de Dios, y creo que Dios te levantó de entre los muertos. Yo me arrepiento de mis muchos errores, recibo tu completo perdón, acepto el sacrificio de Tu sangre y te ruego que vengas a morar en mí, que dirijas mis pasos, que seas mi único y suficiente Señor. Separa mi alma y mi espíritu para poder discernirte y tener comunión espiritual directa contigo. Despierta mi espíritu para que sea uno con el Tuyo. Quiero tener acceso al trono de Tu gracia. Quiero ser tu siervo pero también tu hijo y tu amigo. Muchas gracias Jesús.

De acuerdo con 2 Corintios 2:17, si hiciste esta oración con un corazón sincero y arrepentido, ahora mismo Él te está haciendo una nueva criatura y poniendo Su Santo Espíritu en ti. Las cosas viejas pasaron, he aquí todas son hechas nuevas ¡Amén!

BIOGRAFÍA

Eduardo Villegas nació en Caracas, Venezuela. Está casado con Marvelia y tienen 3 hijos: Gabriel, Mariana y Daniel. Durante más de dos décadas ha ocupado posiciones gerenciales en el área de finanzas en una reconocida compañía multinacional, habiendo vivido con su familia y laborado en diferentes lugares de Suramérica, Centroamérica, los Estados Unidos y actualmente en Indonesia, al sureste de Asia.

Desde el año 2000 e inmediatamente después de su conversión al cristianismo, Eduardo ha desarrollado una genuina relación con el Espíritu Santo a través de la adoración, oración, intercesión y estudio diario de la Biblia. Sus enseñanzas son prácticas y basadas en su propia experiencia personal con Dios.

Además del presente trabajo, Eduardo ha escrito otros cinco libros:

- Abre Tus Ojos (disponible en español)
- Desarrollando Inteligencia Espiritual (disponible en español, inglés e indonesio)
- Llenándote de Valor (disponible en español, inglés e indonesio)
- Abre Tu Mente (disponible en español)
- Más Cerca de Dios (disponible en español e inglés)

Para ver más mensajes o adquirir sus libros, por favor visita el Blog: www.paravivir.org

También puedes ordenar sus libros impresos o en forma electrónica a través de Amazon, Barnes & Noble y Editorial Palibrio.

OTROS LIBROS POR EDUARDO VILLEGAS

Más Cerca de Dios:

Existe una interconexión entre el mundo espiritual y el natural, entre lo visible y lo que no. Aunque nuestros ojos no puedan captarlo, cada acción en lo terrenal activa una consecuencia en lo espiritual, y viceversa. Pablo afirma que "andamos por fe, no por vista",[128] "no mirando nosotros las cosas que se ven, sino las que no se ven; pues las cosas que se ven son temporales, pero las que no se ven son eternas."[129] **El mundo invisible es más real que el visible pero este último capta la mayor parte de nuestra atención.**

Jesús tenía Sus ojos espirituales completamente abiertos y vivía paralelamente en ambos mundos, dándole prioridad al espiritual. Creo que esa fue la clave para poder culminar toda Su obra con solo unos treinta y tres años. Por eso cuando enseñó a Sus discípulos a orar, les dijo que pidieran "Venga Tu reino" y "Hágase tu voluntad, como en el cielo, así también en la tierra,"[130] de modo que hay un reino celestial que debemos traer. No podemos seguir viviendo desconectados del Creador sino que nos urge,

---

128   2 Corintios 5:7
129   2 Corintios 4:18
130   Mateo 6:10

más que cualquier otra cosa en el mundo, aprender a vivir y operar **Más Cerca de Dios.**

Llenándote de Valor:

Sin importar tus circunstancias, **Dios tiene hoy grandes planes para ti.** Él puso sueños en tu alma que aunque enterrados, respiran, y puso ideas en tu corazón que aunque lucen inalcanzables, son posibles, con Su guía. Él no te ha abandonado a ti ni a ninguno de tus sueños. Él no renuncia a ti ni a tu completa manifestación de Su gloria. **Todos tus sueños, si vienen de Dios, son reales, posibles.** Él los pensó y te los encargó, por eso David decía que *Dios cumpliría Su propósito en él.*[131]. No debemos ignorar los sueños de Dios, porque son Su voluntad, de modo que pueden y deben lograrse.

---

[131] Salmos 138:8

Las excusas en cambio, no existen sino son ilusiones. Podemos construirlas con múltiples justificaciones para que parezcan reales pero, tarde o temprano traerán tristeza... **Las excusas no deben suplantar tus sueños, tu misión no debe ser cortada.**

En este libro descubrirás cuán grande es tu **Valor** para Dios de acuerdo con Su Palabra, y luego desarrollarás **Valor** para atreverte a hacer Su voluntad, guiado por Él. No concibo mayor responsabilidad que llevar a cabo los sueños de Dios, así que anímate a empezar una nueva vida **Llenándote de Valor.**

Desarrollando Inteligencia Espiritual:

Más allá de la inteligencia intelectual y emocional, existe otro ámbito de conocimiento menos visible pero no menos real: la **Inteligencia Espiritual.** A pesar de que la Biblia afirma que el Espíritu escudriña lo profundo de Dios y nos lo revela,[132] muchos piensan que este conocimiento divino está reservado únicamente para místicos y religiosos.

Pero **la Biblia no fue escrita para fundar sectas ni religiones sino para revelarnos lo que hay en el corazón del Creador**, y darnos vida. Por eso ella dice que viviremos de toda Palabra que sale de la boca de Dios.[133] Solo ella contiene la Palabra que sale de Su boca y proviene de su corazón. [134] Si conoces Su Palabra, conocerás también Su corazón, Su voluntad. A eso el Apóstol Pablo llama: **Inteligencia Espiritual**.[135]

Dios tiene planes para tu vida y la de tu descendencia, y tú tienes un rol trascendente en cada uno de ellos, pero no puedes lograr tu propósito si desconoces la voluntad de Aquel que te creó. Y para conocer a alguien nada mejor que entrabar una amistad. Permíteme guiarte a conocerlo. Solamente conociendo al Espíritu Santo puedes activar todo el potencial que Él ha puesto dentro de ti.

---

[132]   1 Corintios 2:10
[133]   Mateo 4:4
[134]   Lucas 6:4
[135]   Colosenses 1:9b

Abre Tus Ojos:

Si tienes un hambre espiritual que ninguna religión puede saciar, si no puedes conciliar tus creencias y valores con tu realidad, éste libro es para ti.

En una oportunidad le preguntaron a Jesús: "Maestro, ¿qué debemos hacer para poner en práctica las obras de Dios?" Ellos deseaban un método, un ritual. La respuesta de Jesús viaja directo al alma: "Esta es la obra de Dios, que **creáis** en el que él ha enviado". Jesús nunca enseñó religión sino que ésta fue inventada, lo que Él busca es una relación, una verdadera amistad, contigo, hoy.

La religión es ritual, la relación es amistad.
La religión es costumbre, la relación es renovada.
La religión te acusa, la relación te restaura.
La religión te encadena, la relación te libera.
La religión es muerte, la relación con Dios es vida.

Abre Tu Mente:

Una de los versos que más me impacta de la Biblia es aquel donde dos varones, con vestiduras resplandecientes, les preguntaron a las perplejas mujeres que hallaron la tumba de Jesús vacía: *"¿Por qué buscáis entre los muertos al que vive?"*[136]

Jesús nunca fundó una religión pero, poco después de Su partida física, la gente espontáneamente comenzó a llamar a sus discípulos: cristianos,[137] que simplemente significa: como Cristo. No por sus ritos, no por sus tradiciones sino porque ellos, **al haber desarrollado una relación con Él**, se comportaban como Él.

Abre Tu Mente te ayudará a identificar y deshacerte de paradigmas religiosos que hacen tu relación con Dios monótona y estéril, y te introducirá a una relación personal con Su Santo Espíritu. Es imposible relacionarte con Dios y no ser cada vez mejor, más fructífero y más feliz. Él producirá éxito y trascendencia en tu vida pero **tienes que aprender a pensar como Él, y deshacerte de la mentalidad religiosa que cree que es Él quien piensa**

---

136 Lucas 24:5b
137 Hechos 11:26

como nosotros. Dios tiene planes grandes para tu vida pero es necesario que te acerques a Su Presencia para ser transformado bajo Su Luz y guía, desarrollando tu amistad con la persona más maravillosa de todo el Universo. ¡Comienza hoy! **Abre tu Mente.**

Printed in the United States
By Bookmasters